Henryk M. Broder

Die letzten Tage Europas

Wie wir eine
gute Idee versenken

Knaus

Ich danke Wolfgang Ferchl, Alex Feuerherdt und Hilde Recher für das gnadenlose Lektorat, Walter Laquer für die Erlaubnis, den Titel seines 2006 erschienenen Buches noch einmal benutzen zu dürfen, Jo Schröder und der Preview Filmproduktion für die Organisation der »Europa-Safari« und allen Lesern der »Achse des Guten« für die zahllosen Hinweise zum Thema »Europa«.

Verlagsgruppe Random House FSC® N001967
Das für dieses Buch verwendete FSC®-zertifizierte Papier
EOS liefert Salzer Papier, St. Pölten, Austria.

1. Auflage
Copyright © der deutschsprachigen Ausgabe 2013
beim Albrecht Knaus Verlag, München,
in der Verlagsgruppe Random House GmbH
Lektorat: Alex Feuerherdt, Hilde Recher
Gesetzt aus der Rotation von Uhl+Massopust, Aalen
Druck und Einband: Friedrich Pustet KG, Regensburg
Printed in Germany
ISBN 978-3-8135-0567-2

www.knaus-verlag.de

Für Hanna und Tal

Though this be madness, yet there is method in't.
William Shakespeare

Scheitert der Euro, dann scheitert Europa.
Angela Merkel

Inhalt

1. Wie ich Europa für mich entdeckte 11

2. Gut, dass wir darüber gesprochen haben 23

3. Man muss auch gönnen können 35

4. Deswegen macht man es meistens am Wochenende 51

5. Wir leben in einer sehr glücklichen Zeit 65

6. Unterwegs im europäischen Förderdschungel 75

7. Omnipotente Phantasien impotenter Bürokraten . . 87

8. Das Nichts läuft auf vollen Touren 101

9. Ein bisschen Frieden 111

10. Frage dich, was du für Europa tun kannst 127

11. Wann geht es dem Leberkäse an den Kragen? . . . 143

12. Wir für Europa 153

13. Gelegenheit macht Diebe 165

14. Die vereinigte Kirche von Europa 177

15. Das Karussell Europa muss sich
    weiter drehen – oder...? 191

Postscriptum: Des Wahnsinns fette Beute 211

Lieber Leser, liebe Leserin!

Beim Schreiben dieses Buches habe ich mich, wie immer, nur aus öffentlichen, allgemein zugänglichen Quellen bedient. Ich halte nichts von »vertraulichen Informationen«, die einem bei »Hintergrundgesprächen« zugeraunt werden. Alles, was man dabei erfährt, steht sowieso in der Zeitung. Dazu kamen Beobachtungen, die ich »vor Ort« sammeln konnte, als ich mit meinem Freund Hamed Abdel-Samad für die TV-Serie »Entweder Broder« in europäischen Landen unterwegs war: von Brüssel bis Krakau und von Island bis Kalabrien.

Eine Reihe europäischer »Skurrilitäten« war mir natürlich schon länger bekannt; die Normierung der Gurkenkrümmung zum Beispiel oder der Unsinn, dass die EU gleichzeitig Kampagnen gegen das Rauchen finanziert und den Anbau von Tabak fördert; dass der eine Kommissar über die Gefahren des Zuckerkonsums »aufklärt« und der andere Kommissar die Zuckerrübenbauern subventioniert.

Was für ein gigantisches Wahngebilde die praktische Umsetzung der »europäischen Idee« aber tatsächlich hervorgebracht hat, ist mir erst bewusst geworden, als ich den Text abgeschlossen hatte. Das Buch ist eine Art »work in progress«, die ich wie eine Loseblattsammlung fortsetzen könnte. Es sind nicht die einzelnen Absurditäten, die das

Ganze diskreditieren, es ist die Summe der zahllosen Interventionen in unser Leben und es sind die Begründungen, mit denen sie uns präsentiert werden, wobei das Adjektiv »alternativlos« nur die Spitze der Unsinns-Pyramide markiert. Nehmen Sie deshalb die Beispiele, die Sie in diesem Buch finden werden, »pars pro toto«. Und weil jeden Tag neue Ungeheuerlichkeiten hinzukommen, die immer den gleichen Mustern und Strukturen folgen, spielt die Aktualität nur eine untergeordnete Rolle.

Sollten Sie den Eindruck haben, das politische Spitzenpersonal in diesem Land zeige doch gerade im Moment eine gewisse Einsicht – kein weiterer Schuldenerlass, Spardiktat für die »Südländer« – oder gar demonstrative Skepsis – keine Teilnahme an der Feier anlässlich der Aufnahme Kroatiens in die EU –, so bedenken Sie: Der nächste Wahltag steht schon vor der Tür! Und nichts fürchtet die Nomenklatura mehr als eine ehrliche Diskussion darüber, was sie mit der »europäischen Idee« angerichtet hat. Also müssen wir sie dazu zwingen, im Wissen, dass der wirkliche Europäer ein kritischer Europäer ist. »Europakritiker« und »Europaskeptiker« sind inzwischen negativ besetzte Begriffe, wie »Nestbeschmutzer« und »Kritikaster«. Aber Kritik und Skepsis sind die Waffen des Bürgers. Nur ein Untertan lässt sich widerspruchslos herumkommandieren.

In diesem Sinne: Ran an die Buletten!

Lesen und teilen Sie weitere Fundstücke und Debattenbeiträge zum Thema »Die letzten Tage Europas« mit mir auf www.achgut.com.

1. Wie ich Europa für mich entdeckte

Ich muss zugeben, dass mir »Europa« lange egal war. Es gibt einige Dinge, die ich als selbstverständlich nehme. Dass ich ein Mann bin, dass ich einen deutschen Pass habe, dass ich ein Europäer bin, dass ich in einem Rechtsstaat lebe, dass ich genug zu essen und zu trinken habe. Ich muss mich für nichts entschuldigen, ich brauche für nichts dankbar zu sein.

Ich glaube weder an Gott noch an die Klimakatastrophe, ich sammle Schneekugeln und Kühlschrankmagneten, ich leiste meinen Beitrag zum Bruttoinlandsprodukt, zahle meine Steuern, halte an der roten Ampel und fühle mich überall dort wohl, wo ich in Ruhe gelassen werde. Zu sagen: »Ich bin ein Europäer«, fände ich so albern wie: »Ich dusche täglich«. Selbstverständlichkeiten, die in den Rang des Besonderen erhoben werden, sind peinlich. Ich wurde in Kattowitz geboren, und das liegt weder in Amerika noch in Afrika, Australien oder Asien, sondern mitten in Europa. Mir wäre schon geholfen, wenn es nicht in Polen, sondern in der Toskana liegen würde.

Ich habe noch nie an einer Europawahl teilgenommen, ich weiß nicht einmal, wer mich im Europäischen Parlament vertritt. Europapolitik war für mich einerseits der Sandkasten, in dem sich diejenigen tummeln, die nicht einmal in Gummersbach oder Radebeul ein Amt abbekommen hatten, andererseits die Auffangstation für Politiker wie Cem Özdemir, Angelika Beer, Sahra Wagenknecht und Günther Oettinger, die sich mit ihrer Basis überworfen hatten und mit einem Job abgefunden werden oder eine Warteschleife drehen mussten, bis über irgendeinen Skandal Gras gewachsen war.

Irgendwann konnte man von Köln nach Amsterdam oder Paris fahren, ohne an der Grenze aufgehalten zu werden. Das hat mir gut gefallen. Ich war auch sehr für den Euro, nicht wegen seiner integrativen Kraft, sondern weil ich es praktisch fand, in Dinkelsbühl, St. Pölten, Alkmaar, Montebelluna und Deauville mit derselben Währung bezahlen zu können. Ich gebe zu, ich habe mir über den Preis, den diese Bequemlichkeit fordert, keine Gedanken gemacht. Die da in Brüssel würden schon wissen, was sie tun. Auch wenn eine Pizza bei meinem Italiener in der Bleibtreustraße vor der Umstellung sechs Mark gekostet hat und danach sechs Euro, also das Doppelte.

Und wenn sich jemand über die Brüsseler Bürokratie mokierte, über die Regelung zur Krümmung der Salatgurke, so habe ich das als vernachlässigbare Schrulle abgetan. Denn, so glaubte ich, mit mir hat das alles gar nichts zu tun.

Mein Moment der Erleuchtung kam Anfang August 2012, als ich beim Zappen in eine Sendung des ZDF mit dem Titel »Giftiges Licht« geriet, eine 30-Minuten-Dokumentation über die Entstehungsgeschichte der Energiesparlampe, die auf Beschluss der Europäischen Kommission zum 1. September 2012 die konventionelle Glühbirne ersetzen sollte. Wohlgemerkt, es war keine Empfehlung, sondern eine verbindliche Verordnung, mit der den Einwohnern der 27 EU-

Staaten die Benutzung der alten Glühbirne untersagt und die Benutzung der neuen Energiesparlampe vorgeschrieben wurde. Auch die neu hinzugekommenen Kroaten dürfen jetzt ihre Glühbirnen aussortieren. In der ZDF-Doku ging es vor allem um die Tatsache, dass die Energiesparlampe Quecksilber enthält, das extrem gesundheitsschädlich ist. Deswegen darf die Energiesparlampe nicht einfach weggeworfen, sie muss fachmännisch, unter erheblichem Aufwand entsorgt werden.

Hätte die EU-Kommission beschlossen, dass jeder EU-Bürger einmal am Tag den Atem für drei Minuten anhalten soll, um den globalen CO_2-Ausstoß zu reduzieren, wäre dies nicht weniger absurd gewesen. Hinter dem Beschluss der Kommission standen zwei Hersteller, die sich von der »Reform« ein Milliardengeschäft versprachen. Der Besitzer des Haushaltsladens, bei dem ich immer einkaufe, hatte freilich vorgesorgt und einige Tausend Glühbirnen auf Vorrat gebunkert, eine kluge Maßnahme, die seine Stammkunden bis heute zu schätzen wissen. Ich fand es unfassbar, dass ein paar Brüsseler Kommissare in der Lage sind, Millionen von Bürgern zu diktieren, welche Glühbirnen sie benutzen sollen. »Charity begins at home«, sagen die Briten, Wohltätigkeit fängt zu Hause an. Die Herrschaft der Brüsseler Technokraten auch.

Inzwischen weiß man, dass die Energiesparlampe nicht nur gefährlich ist, sondern auch keinen Beitrag zur Energieersparnis leistet. Ihre Benutzer neigen dazu, sie länger brennen zu lassen, weil sie ja »weniger« Energie verbraucht. Am Ende ist es bestenfalls ein energiepolitisches Nullsummenspiel, das mit einem gigantischen Aufwand inszeniert wurde. Nein, so haben sich Konrad Adenauer und Robert Schuman die europäische Integration bestimmt nicht vorgestellt: eine Bürokratur, die vor allem für sich selbst sorgt, ein Super-Staat mit einer Quasi-Regierung, einem Quasi-Parlament und einem Parlamentspräsidenten, der sich über den Charakter des Projekts im Klaren ist. »Wäre die EU ein Staat, der die Aufnahme in die EU beantragen würde«, sagt Martin Schulz, »müsste der Antrag zurückgewiesen werden – aus Mangel an demokratischer Substanz.«

Meine Neugier war mit der Geschichte über die Energiesparlampe geweckt. Seitdem beobachte ich genau, wer da tagaus tagein über Europa, den Euro, die Krise usw. schwadroniert. Ich schaue den Eurokraten, die vorgeben, nur unser Bestes zu wollen, »aufs Maul«, wie man in Bayern sagt. Ich fürchte, eine weitere menschenbeglückende Idee ist im Begriff, totalitäre Züge anzunehmen. Und ich weiß, jeder Dammbruch fängt mit einem Haarriss an. Einem winzigen Haarriss, der entweder übersehen oder nicht ernst genommen wird.

Im Jahre 1986 explodierte die Raumfähre Challenger 73 Sekunden nach dem Start in 15 Kilometer Höhe, weil ein Dichtungsring in einer der Feststoffraketen defekt war. Bevor eine Concorde im Juli 2000 in der Nähe der Flughafens Charles de Gaulle beim Start abstürzte, gab es schon über einhundert »Zwischenfälle« – von geplatzten Reifen bis zu Schäden an den Treibstofftanks –, die den zuständigen französischen Stellen bekannt waren, ohne dass etwas unternommen worden wäre. Denn die Concorde symbolisierte nicht nur »Modernität« und »technische Leistung«, sie war »zugleich ein ästhetisches Juwel«, so die Tageszeitung »Liberation« nach der Katastrophe, die 113 Menschen das Leben kostete. Bis heute rätseln und spekulieren die Historiker darüber, ob es nur ein Versprecher von Günter Schabowski, dem neu ernannten Sekretär des Zentralkomitees der SED für das Informationswesen, war, als er bei der legendären Pressekonferenz vom 9. November 1989 auf die Frage eines Journalisten erklärt hatte, die neue Reiseregelung für DDR-Bürger sei »ab sofort« in Kraft. Schabowskis Äußerung führte zu einem Massensturm auf die Grenzanlagen und zur Öffnung der Mauer durch die verwirrten und überforderten Grenzschützer.

Ob es nun um die Challenger, die Concorde oder das Grenzregime der DDR geht, immer wieder beweist das Sprichwort »kleine Ursachen, große Folgen« seine Gültigkeit. Man kann sich und anderen lange etwas vormachen, die Augen vor der Realität verschließen, so tun, als sei alles in Ordnung, als habe man alles unter Kontrolle. Irgendwann kommt der Moment der Wahrheit, und je länger man ihn vor sich herschiebt, umso gnadenloser schlägt er ein.

Das Dritte Reich war nach nur zwölf Jahren am Ende, es dauerte – vor dem Hintergrund der Weltgeschichte – eine Millisekunde. Dennoch sind seine Nachbeben bis heute spürbar. Die Sowjetunion brauchte 70 Jahre, um zu implodieren, die DDR immerhin 40. Eine Fiktion kann auf vielerlei Weise am Leben erhalten werden: durch sanfte Propaganda, brutale Gewalt, eine Mischung aus diesem und jenem und allem Möglichen dazwischen. Wenn es dann vorbei ist, kommen die Propheten aus der Deckung und rufen: »Wir haben es kommen sehen!« Leider haben sie es nicht kommen sehen, bevor es passiert ist. Wie die Börsenexperten, die uns einen Tag nach dem Crash sagen, warum er nicht zu vermeiden war, eine Erkenntnis, die sie uns einen Tag vor dem Crash nicht mitteilen mochten.

Ich misstraue grundsätzlich allen Experten. Ob es nun um Politik, Wirtschaft, das Klima, die Energiewende, Warentermingeschäfte oder die Kursentwicklung des südafrikanischen Rand geht. Wenn diese Experten nur unbedarft wären, könnte man sie gewähren lassen. Aber sie sind anmaßend, präpotent und außerstande, ihre eigenen Grenzen zu erkennen. Deswegen erklären sie alles, das sie nicht erklären können, zu »komplexen Vorgängen«. »Komplex« bedeutet in diesem Zusammenhang: »Ich habe keine Ahnung, wovon ich rede, aber ich tu mal so, als wüsste ich Bescheid. Denn ich bin ein Experte. Und du bist es nicht.«

Ich bin in der Tat nicht in der Lage, Einsteins Relativitätstheorie zu begreifen; der Blick aus dem dritten Stock meiner Berliner Wohnung geht nicht weit genug, damit ich die Erdkrümmung erkennen kann. Also verlasse ich mich darauf, dass Einstein mit seiner simplen Formel richtig lag, und da mein Computer in Berlin genauso gut funktioniert wie am Potomac River, ist mir das Beleg genug; und ich vertraue auch darauf, dass die Erde keine Scheibe, sondern eine Kugel ist, die sich um die Sonne dreht.

Allem Expertentum zum Trotz gibt es so etwas wie den gesunden Menschenverstand, die Briten nennen es »Common sense«. Der sagt mir, dass ich eine Weile auf Kredit einkaufen kann (so wie man früher beim Krämer an der Ecke hat anschreiben lassen), dass ich aber eines Tages die offene Rechnung begleichen muss. Tue ich es nicht, bekomme ich keinen Kredit mehr. Oder derjenige, der mir

Kredit gegeben hat, macht Pleite, denn ich bin nicht der Einzige, der bei ihm in der Kreide steht und nicht zahlen mag oder kann.

Das ist doch ganz einfach, nicht wahr? Um diesen Zusammenhang zu verstehen, muss man nicht Nationalökonomie studieren und alle Theorien von John Maynard Keynes bis Ludwig von Mises parat haben. Es genügt zu wissen, dass auf Dauer Ausgaben und Einnahmen im Gleichgewicht sein müssen, wobei es von Vorteil wäre, ein wenig mehr einzunehmen als auszugeben, damit man sich entweder etwas außerhalb der Reihe leisten kann, eine Reise um die Welt zum Beispiel, oder eine Rücklage für unvorhergesehene Notfälle hat.

Es gibt freilich eine Möglichkeit, diese Regel auszuhebeln. Ich könnte meinen Nachbarn, der vermögender ist als ich, weil er einen besser bezahlten Job oder etwas geerbt hat, bitten, mich zu unterstützen. Ich würde natürlich nicht bei ihm klingeln, die Hand aufhalten und sagen: »Gib mir Geld, du hast mehr als ich!« Nein, ich würde es geschickter anstellen. Ich würde ihn zu mir auf einen Tee einladen und ihn davon überzeugen, dass es in *seinem* Interesse ist, *mir* unter die Arme zu greifen. Er möchte doch, würde ich sagen, keinen Nachbarn haben, der sein Haus verkommen lässt, weil das auch den Wert der anderen Häuser in der Nachbarschaft mindern würde. Vor allem möchte er nicht, dass ich eine Etage meines Hauses untervermiete, um meine Finanzen aufzubessern, man könne doch nie wissen, wer da einziehen würde. Im schlimmsten Fall könnten es Leute sein, die ihren Müll über den Zaun werfen, auf das Grundstück des Nachbarn! Es sei auch in seinem Interesse, dass es mir gut gehe, denn wenn es mir nicht gut gehe, würde ich zu Handlungen neigen, die ich später bereuen könnte.

Unter solchen Umständen wird mein Nachbar nicht zögern, mir seine Hilfe anzubieten. Kein Bargeld, das wäre demütigend, nein, Hilfe zur Selbsthilfe. Er wird vorschlagen, die Müllabfuhrgebühr für mich zu bezahlen, er wird mir seine Putzfrau und seinen Rasenmäher zur Verfügung stellen, denn er hat begriffen: Sein Wohlergehen hängt mit meinem Wohlergehen zusammen.

Wenn alles gut geht, werde ich ihm später vorschlagen, unsere Kooperation zu erweitern. Wir sollten, werde ich sagen, unsere Einnahmen zusammenlegen und unsere Ausgaben koordinieren. Einerseits verdient er mehr als ich, andererseits gebe ich weniger aus als er. Von einem solchen Deal würden wir beide profitieren. Ich würde unterm Strich mehr einnehmen, er weniger ausgeben. Win-win! Jetzt bräuchte das Ganze nur noch einen Namen. Wie wäre es mit »UmFAIRteilung«? War das nicht auch das Motto einer Kampagne für mehr soziale Gerechtigkeit, getragen von der Gewerkschaft Ver.di, den Grünen und dem Paritätischen Wohlfahrtsverband unter der Führung von Ulrich Schneider?

Genau dieses Spiel wird in der EU gespielt. Es sind 28 Länder, die sich zu einer Interessengemeinschaft zusammengetan haben. Von Polen bis Portugal, von Finnland bis Malta. Die »Vereinigten Staaten von Europa« sind das größte europäische Reich seit Karl dem Großen, der zu beiden Seiten des Rheins als Urahne verehrt wird. Bereits Ende des 8. Jahrhunderts wurde er zum *Pater Europae*, dem Vater Europas, erklärt. Lange vor Konrad Adenauer, Robert Schuman, Jean Monnet, Edmund Stoiber und Herman Van Rompuy.

Siebzehn dieser Länder haben eine gemeinsame Währung. Ein Bergsteiger würde sagen, sie bilden eine Seilschaft, bei der jeder für alle und alle für jeden haften. Strauchelt einer, müssen ihn die anderen auffangen, wenn sie nicht selber abstürzen wollen. Medizinisch gesehen sind fünf dieser siebzehn Länder bereits Pflegefälle Stufe 2, Stand März 2013; bis zum Erscheinen dieses Buches könnten es noch mehr werden: Portugal, Spanien, Griechenland, Irland und Zypern. Italien und Frankreich balancieren am Rand des Abgrunds, richtig gesund sind nur vier: Deutschland, Finnland, Luxemburg und Österreich. Allen übrigen geht es »den Umständen entsprechend«, das heißt mal mehr und mal weniger schlecht. Die Situation ist also sehr »komplex«, und man muss schon ordentlich »differenzieren«, wenn man »Generalisierungen« vermeiden will.

Jetzt stellen Sie sich ein ganz normales Mietshaus mit 17 Parteien vor. Fünf von ihnen leben von der Stütze und sind nicht in der Lage, die Umlagen für Heizung, Müllabfuhr, Reparaturen, Treppenreinigung etc. zu bezahlen. Vier haben ein geregeltes Einkommen. Die Übrigen kommen mit Ach und Krach über die Runden und sind froh, wenn sie am Ultimo noch ein paar Groschen in der Haushaltskasse haben. Würden Sie in einem solchen Haus leben wollen? Möchten Sie im Namen der Hausgemeinschaft bei einer Bank vorstellig werden und um einen Kredit zur Finanzierung einer neuen Heizungsanlage bitten? Welche Sicherheiten hätten Sie anzubieten?

Sie leben aber nicht nur in einem solchen Haus, Sie haben es auch jeden Tag mit Politikern und Medienvertretern zu tun, die von diesem »Modell« begeistert sind. Es sei, sagen sie, wegweisend für die Zukunft, es müsse noch viel mehr solcher Häuser geben. Es stimme zwar, dass die finanzielle Situation prekär sei, dafür aber gebe es wenig Animositäten unter den Bewohnern. Man habe sogar im Laufe der Zeit so etwas Ähnliches wie ein Gefühl der Zusammengehörigkeit entwickelt, dieses Gefühl müsse erhalten bleiben, ja gefördert werden, denn sonst bestehe die Gefahr, dass die Einwohner des Hauses übereinander herfallen. Der Hausfrieden stehe auf dem Spiel. Und damit dieser erhalten bleibe, müsse man die Lasten »gerecht« verteilen.

Diese Argumentation ist so schief wie der Turm von Pisa. Dazu unlogisch und konstruiert. Aber darauf kommt es nicht an. Sie wird auch nicht dadurch besser, dass sie ständig wiederholt wird. Wir hören und lesen jeden Tag, Europa sei »ein Haus des Friedens«, ohne die europäische Integration gäbe es längst wieder Krieg, und dass man alles, aber auch wirklich alles tun müsse, damit es mit der Integration weitergeht und der Frieden erhalten bleibt. Nicht zufällig wurde die EU mit dem Friedensnobelpreis 2012 ausgezeichnet. Ich bin jetzt also Teil einer Friedensnobelpreisträgergemeinschaft. Einer von 500 Millionen Europäern. Ich sollte stolz darauf sein. Wenn ich nicht eine angeborene Allergie gegen »Gemeinschaften« hätte. Ich möchte, wie Groucho Marx, keinem Verein angehören, der darauf besteht, dass ich ihm beitreten soll. Es reicht mir schon, dass ich mir meine Eltern, meinen Geburtsort, meine Nationalität und meine Religion nicht aussuchen konnte, dass ich sozusagen vorfabriziert, vorgeprägt, vorbestimmt auf die Welt gekommen bin. Dabei habe ich noch Glück gehabt. Als Angehöriger der untersten Kaste in Indien wäre ich schlimmer dran. Dagegen ist das Leben als Beutedeutscher mit polnisch-jüdischem Migrationshintergrund der reine Luxus.

Aber ich möchte weder ein Europäer honoris causa sein noch dazu zwangsverpflichtet werden, mich als Europäer fühlen zu müssen. Schon gar nicht von Leuten, die ihr Europäertum zu einem Beruf gemacht haben. Europa, sagt der französische Philosoph Bernard-Henri Lévy, ist »kein Ort, sondern eine Idee«. Das hört sich erst einmal gut an, ist aber eine hohle Formel, die jeder nach eigenem Gusto mit Inhalt füllen kann. Also nutzlos. Man kann auch nicht für oder gegen Europa sein. Das ist so, als wäre man für oder gegen das Wetter. Man kann aber Meteorologen, die das Wetter vorhersagen oder es zumindest versuchen, misstrauen. So wie man Demoskopen, die Wahlergebnisse prognostizieren, misstrauen sollte. In diesem Sinne habe ich kein Vertrauen zu den Berufseuropäern. Und ich erkläre Ihnen gerne, warum Sie gut daran täten, meinem Beispiel zu folgen.

2. Gut, dass wir darüber gesprochen haben

Fast jeder Witz, in dem es um Psychologen, Psychiater, Psychotherapeuten und Angehörige verwandter Berufe geht, endet mit der Pointe: »Gut, dass wir darüber gesprochen haben!« Über etwas gesprochen zu haben, verschafft den Beteiligten eine Art von immaterieller Befriedigung, wie sie auch eintritt, wenn man ein schlafendes Kleinkind anschaut. Diese Reinheit, diese Unschuld! Man möchte sein Leben dafür geben, dass es so bleibt.

So war es auch am Ende des EU-Frühjahrsgipfels in Brüssel im März 2013. Die EU-Politiker diskutierten darüber, so hieß es in den Medien, »wie man Sparmaßnahmen durchsetzen kann, ohne dem wirtschaftlichen Wachstum entgegenzuwirken«, das heißt, wie man gleichzeitig bremsen und Gas geben kann, ohne die Kontrolle über das Auto zu verlieren. Dieses Paradox hören wir seither als Mantra fast aller Politiker, die sich öffentlich zur europäischen Wirtschaftspolitik äußern. Sparen und investieren. Investieren und sparen. Und immer an die Konjunktur denken!

Hätte sich eine Konferenz der Weight Watchers mit dem Thema beschäftigt, wie man schlemmen kann, ohne an Gewicht zuzunehmen, wäre daraus eine witzige Reportage in der »heute show« mit Oliver Welke geworden. Weil es aber eine Konferenz der 27 EU-Staats- und Regierungschefs war, wurde die Sache ernst genommen, musste man in den Berichten den Witz zwischen den Zeilen beziehungsweise in den Originaltönen suchen.

Herman Van Rompuy, der EU-Präsident, verglich Europas Weg zur Erholung mit einem »Langstreckenrennen«, man habe bereits viele Hindernisse hinter sich gelassen, »doch diese Ergebnisse führen noch nicht zu stärkerem Wachstum und mehr Jobs, das ist es, was den Menschen jetzt wehtut, dort muss unser Fokus sein«. Die EU, so Van Rompuy, müsse »wirtschaftliche Turbulenzen vermeiden, gesunde Staatshaushalte sichern, Arbeitslosigkeit bekämpfen und langfristiges Wachstum fördern«, alles gleichzeitig.

Das klang wie der Katalog der guten Vorsätze, die jeder von uns am 31. Dezember kurz vor Mitternacht fasst: nicht mehr rauchen, weniger trinken, gesünder essen und mehr Zeit mit der Familie verbringen, ohne den Job und die Freunde zu vernachlässigen.

Der Präsident des EU-Parlaments, Martin Schulz aus Würselen bei Aachen, warnte davor, die Bürger vor den Kopf zu stoßen. »Wenn wir nicht riskieren wollen, dass die Menschen sich immer mehr von der Idee Europa abwenden, dann müssen wir eine Politik machen, die verständlich ist.« Auch das war nicht ganz daneben, wenn man mal davon absieht, dass die Forderung, eine Politik zu machen, die verständlich ist, zu den Binsenweisheiten gehört, die seit den Tagen der »res publica« vor zweieinhalbtausend Jahren in jeder Rede genannt werden. Immerhin gab Schulz mit seiner Forderung zu, dass die Politik, die in Brüssel gemacht wird, nur noch von denjenigen verstanden wird, die sie machen. Und auch das nicht von allen und nicht immer. »Häufig erreichen wir als Handelnde auf nationaler wie auch auf europäischer Ebene die Menschen nicht mehr.«

Auch der listige luxemburgische Ministerpräsident Jean-Claude Juncker, einer der erfahrensten Europapolitiker, sah dunkle Streifen am Horizont aufziehen, die bis jetzt niemand bemerkt hatte: »Ich schließe nicht aus, dass wir Gefahr laufen, eine soziale Revolution zu erleben«, die Haushalte der EU-Staaten müssten zwar saniert werden, aber so, dass die »Sparmaßnahmen dem Wachstum nicht schaden«. Bei Anwendung der Sparregeln sei »eine gewisse geistige und handwerkliche Geschmeidigkeit« vonnöten. Was er sagen wollte, war: Regeln können freihändig ausgelegt, umgangen, notfalls auch gebrochen werden, man muss es nur geschickt anstellen.

Den Vogel in Sachen Klarheit, Entschlossenheit und Gradlinigkeit schoss aber die deutsche Kanzlerin ab. Am Ende des Frühjahrsgipfels trat Angela Merkel vor die wartenden Kameras und erklärte: »Wir haben einen Wachstumspakt im Sommer vergangenen Jahres verabschiedet und jetzt wird es darum gehen, dass dieser Wachstumspakt auch mit Leben erfüllt wird... Das Geld ist da und jetzt muss das Geld zu den Menschen kommen, damit die jungen Menschen in Europa Jobs bekommen.«

Einen »Wachtstumspakt« mit Leben zu erfüllen, ist in der Tat eine höchst anspruchsvolle Aufgabe, dient ein »Wachstumspakt« doch seinerseits dem Zweck, Impulse zu vermitteln, damit eine schwache oder marode Ökonomie ihrerseits auf die Beine kommt und wieder laufen kann. Nur die Aufgabe, einer Mumie Leben einzuhauchen, wäre noch anspruchsvoller. Man muss sich auch fragen, warum angesichts einer katastrophalen Jugendarbeitslosigkeit in Italien, Griechenland und Spanien ein »Wachstumspakt«, der im Sommer 2012 beschlossen wurde, erst im Frühjahr 2013 auf den Weg gebracht wird. Was hat das Geld, das nun »zu den Menschen kommen« soll, die ganze Zeit gemacht? Hat es in einem Café gesessen und Latte macchiato getrunken? Musste es erst eine Weile abhängen wie Parma-Schinken? Würde Angela Merkel es nicht seltsam finden, wenn sie seit dem Sommer letzten Jahres kein Gehalt überwiesen bekommen hätte?

An Geld jedenfalls herrscht kein Mangel. Zweimal im Laufe des vergangenen Jahres hat die Europäische Zentralbank den Banken in den EU-Ländern sehr viel Geld zu extrem günstigen Konditionen zur Verfügung gestellt, zusammen fast eine Billion (tausend Milliarden) Euro für eine Laufzeit von drei Jahren zu einem Zinssatz von einem Prozent. Die EZB habe, schrieben die Zeitungen, den Markt mit Geld »geflutet«, während zur selben Zeit kleine und mittelständische Betriebe klagten, dass es immer schwieriger würde, Kredite zu bekommen. Was auf den ersten Blick wie ein Widerspruch erscheint, kann relativ einfach erklärt werden. »Die Rekord-Finanzspritze soll eine Kreditklemme verhindern«, hieß es in einem Expertenbericht der SZ. Denn: »Die Banken leihen sich derzeit aus Angst vor Risiken in den Bilanzen kaum mehr gegenseitig Geld.« Ein zu Rate gezogener Analyst meinte, die EZB-Mittel würden den Banken helfen, »ihre Bilanzen aufzupolieren«, die Frage sei nur, »warum sie so viel Geld brauchen«. Der Präsident der EZB, Mario Draghi, stellte klar, die Banken würden selbst darüber entscheiden, »was sie mit den frischen Mitteln machen«, man erwarte aber, »dass sie mit dem Geld die Realwirtschaft finanzierten«.

Der Ex-Goldman-Sachs-Banker Mario Draghi tat so, als habe er ein lange gehütetes Geheimnis verraten: Die Banken sollen die Realwirtschaft finanzieren, aber ob sie es wirklich tun, das entscheiden sie nach eigenem Gutdünken. Denn die Realwirtschaft steckt voller realer Risiken. Firmen können Pleite gehen, faule Kredite müssen als Verluste abgeschrieben werden, das kann einer Bank die Bilanz verhageln. Die Alternative zur Realwirtschaft heißt Finanzwirtschaft. Wird in der Realwirtschaft aus einem Baum ein Tisch gemacht, aus einem Rind Tafelspitz und aus Aprikosen Marillenschnaps, macht man in der Finanzwirtschaft Geld mit Geld.

Im Falle der Banken, denen die EZB mit Milliardenkrediten zu Hilfe kam, bedeutet das: Sie wurden in die Lage versetzt, »ihre Bilanzen aufzupolieren«; indem sie sich gegenseitig Geld leihen, gehen sowohl die Umsätze wie die Gewinne in die Höhe. Dabei ist alles nur eine Frage der Buchhaltung. Das Verfahren funktioniert, solange das Geld den Bankenkreislauf nicht verlässt, also mit der Realwirtschaft nicht in Verbindung kommt.

Man kann das am besten mit einer alten jüdischen Anekdote erklären:

Schlomo besucht Mosche und sieht in dessen Wohnzimmer ein Bild an der Wand, das ihm gut gefällt. »Ich kaufe dir das Bild ab«, sagt Mosche. »Was willst du dafür haben?« Man einigt sich auf 100 Rubel. Ein paar Wochen später kommt Mosche zu Schlomo, sieht das Bild an der Wand hängen und sagt: »Ich möchte es zurückhaben.« – »Geht in Ordnung«, sagt Schlomo, »aber es ist jetzt mehr wert, als ich dir dafür gegeben habe.« Für 120 Rubel bekommt Mosche sein Bild zurück. Ein paar Wochen später besucht Schlomo wieder seinen Freund Mosche. Das Bild hängt im Salon über dem Kamin und sieht prächtig aus. Schlomo will es wieder haben. Diesmal verlangt Mosche 150 Rubel, Schlomo zahlt und nimmt das Bild gleich mit.

Und so geht es weiter, immer hin und her. Bis Schlomo eines Tages zu Mosche kommt und mit Entsetzen feststellen muss, dass das Bild weg ist. »Mosche, was hast du mit dem Bild gemacht?« – »Ich habe es an Rafi verkauft, für 200 Rubel.« – »Wie konntest du nur?«, ruft Schlomo verzweifelt. »Jetzt hast du unser schönes Geschäft kaputtgemacht!«

Und so machen es auch die Banken untereinander, nur ist das Rad, das sie drehen, viel größer. Aber das Prinzip ist dasselbe. Umsätze und Gewinne werden in einem geschlossenen System generiert. In der realen Welt geht es nur in Swinger-Clubs ähnlich zu: A treibt es mit B, B mit C, C mit D und so weiter, bis der Letzte wieder beim Ersten landet. Die Idee ist nicht neu. Arthur Schnitzler hat sie zu einem Bühnenstück verarbeitet: »Der Reigen«.

Die SZ hat ihren Bericht über den Milliarden-Segen der EZB mit der Frage »Warum brauchen die Banken so viel Geld?« überschrieben und mit einem Foto illustriert, auf dem ein Stapel frisch gedrucktes Geldes zu sehen ist. So stellt sich der gemeine SZ-Redakteur den finanzpolitischen Urknall vor – Paletten voller Geld.

Tatsächlich wird nur das Geld gedruckt, das für den Bargeldumlauf benötigt wird und einen sehr kleinen Teil der gesamten Geldmenge ausmacht. Das Geld, das die EZB an die Banken verteilt, steht nur in den Bilanzen. Es muss nicht einmal gedruckt werden. Die EZB schreibt es sich selber gut und teilt es dann den Banken zu. Ob es dabei um Milliarden oder Billionen geht, spielt keine Rolle. Es ist virtuelles Geld, mit dem virtuelle Geschäfte gemacht werden.

Das alles hört sich vollkommen verrückt an, aber solange es funktioniert, profitieren alle davon. Kritisch wird es nur, wenn an irgendeiner Stelle der Kreislauf unterbrochen wird. Als 1974 die Herstatt-Bank in Köln Pleite machte, weil sich ein Devisenhändler verspekuliert hatte, rannten meine Eltern zur Sparkasse in Köln, ließen sich ihr Ersparte auszahlen, zählten das Geld nach und legten es sofort wieder in einem Sparbuch an. Es war ja noch alles da.

Dabei lernt jeder Student der Volkswirtschaft gleich im ersten Semester, dass es Geld, im Gegensatz zu Gold, gar nicht gibt. Es ist nur der materielle Ausdruck eines Übereinkommens, das auf Vertrauen basiert. Deswegen werden im Falle einer Krise, wie zuletzt in Zypern, als Erstes die Konten eingefroren, Auszahlungen und Überweisungen unterbunden. Ein »Bank Run« ist der Alptraum eines jeden Finanzministers. Würden alle Bankkunden ihre Konten zur selben Zeit abräumen, würde das System sofort zusammenbrechen. So wie der Verkehr zum Stillstand käme, wenn alle Autobesitzer ihre Autos zeitgleich in Bewegung setzen würden. Das sind alles Allgemeinplätze, wie der Satz, dass »die Armut von der Poverte« kommt und dass man »lieber reich und gesund als arm und krank« sein möchte. Aber sie bringen das auf den Punkt, wozu Scharen von Experten Jahre brauchen, um eine Hypothese zu validieren. Ein aktuelles Beispiel von besonderem Charme:

In den USA findet derzeit eine großangelegte Langzeituntersuchung statt, die klären soll, ob es einen Zusammenhang zwischen Fettleibigkeit und sexueller Orientierung gibt, konkret: Warum drei von vier Lesben schwer übergewichtig, also »obese«, sind. Die Studie wird vom National Institute of Health finanziert, kostet insgesamt etwa 1,5 Millionen Dollar und soll 2016 abgeschlossen sein.

Auf so eine Idee können nur Wissenschaftler kommen, die keinen Blick für das Offensichtliche haben. Schon möglich, dass drei von vier Lesben »obese« sind, aber das kommt nicht daher, dass Lesben von Natur aus zur Fettleibigkeit neigen, sondern daher, dass fettleibige Frauen sich für eine lesbische Lebensweise entscheiden, weil die meisten Männer normalgewichtige Frauen attraktiver finden als solche, die 100 Kilo und mehr auf die Waage bringen.

Nur: Eine solche Erkenntnis ist alles andere als »politisch korrekt«, mit ihr kann man keine Forschungsmittel abgreifen, man kann damit nicht einmal RTL-Zuschauer beeindrucken, die ihr Weltbild aus der Serie »Gute Zeiten, schlechte Zeiten« beziehen. Und je »komplexer« die Umstände, desto größer die Versuchung, alle Regeln der Logik über Bord zu werfen, damit die Mannschaft nicht rebelliert. Zu Beginn der Zypernkrise und unmittelbar nach dem Beschluss der Finanzminister der Euro-Zone, die Inhaber von Konten bei zyprischen Banken an der Rettungsaktion »zu beteiligen«, das heißt, sie teilweise zu enteignen, wurde der deutsche Finanzminister in der 20-Uhr-Tagesschau vom 16. März mit der Frage des Tages konfrontiert:

»Sparer um einen Teil ihres Geldes zu bringen – eine bisher einmalige Maßnahme in der Krise –, wird das das Vertrauen in die Euro-Zone kosten?«

Schäuble antwortete:

»Nein, ganz im Gegenteil, ich glaube, dass so wie wir es auch... in den letzten zwei Jahren gesehen haben, die Tatsache, dass Europa in der Lage ist, die notwendigen Entscheidungen zu treffen, auch in einer geordneten Weise, das wird das Vertrauen dauerhaft stärken.«

Hätte Schäuble gesagt, der GAU von Fukushima habe das Vertrauen in die Atomkraft dauerhaft gestärkt, wäre die halbe Republik vor Entsetzen verstummt und die andere Hälfte hätte den sofortigen Rücktritt des Ministers gefordert. Wenn es aber um Geld geht, hört der Spaß nicht auf, nein, er fängt erst richtig an. Während sich auf Zypern lange Schlangen vor den Bankomaten bildeten, erklärte die Kanzlerin am Rande der Landesvertreterversammlung der CDU in Grimmen, Mecklenburg-Vorpommern, man sei auf dem richtigen Kurs und auch der Patient auf dem Wege der Besserung. »Damit werden aber die Verantwortlichen zum Teil mit einbezogen und nicht nur die Steuerzahler anderer Länder. Und ich finde, das ist richtig, dass man diesen Schritt gegangen ist. Und ich finde, es ist ein guter Schritt, der uns eine Zustimmung zu einer Hilfe für Zypern sicherlich leichter macht.«

Das war natürlich reines Wunschdenken. Sowohl Merkel wie Schäuble wussten, dass sie eine Mülltüte zu einer Designer-Handtasche umdichteten. Nur 24 Stunden später sah die Situation schon ganz anders aus. Die Euro-Finanzminister hatten die Rechnung ohne den Wirt gemacht, das zyprische Parlament verweigerte die Zustimmung zu dem »Rettungsplan«.

Und langsam dämmerte es auch dem deutschen Sparer, dass seine Einlagen nur so lange sicher sind, wie die Euro-Finanzminister es sich nicht anders überlegen und beschließen, ihn an einer Bankenrettung zu »beteiligen«. Da trat der deutsche Finanzminister die Flucht nach vorn an. Auf die Frage: »Sind die Spareinlagen in allen anderen Euro-Staaten sicher?« gab er in einem Interview mit der »Welt am Sonntag« vom 24. März die folgende Antwort:

»Die Spareinlagen sind in Deutschland und in allen europäischen Ländern sicher, weil die Vorstellung, dass irgendein europäisches Land zahlungsunfähig wird, unrealistisch ist. In Deutschland gibt es die Sicherungssysteme der Banken für den nirgendwo erkennbaren Fall, dass eine Bank ins Straucheln gerät, und in dem äußerst unwahrscheinlichen Fall, dass diese Sicherungssysteme Probleme hätten, würde der Bundeshaushalt einspringen.«

Bingo! Es ist noch kein Land zahlungsunfähig geworden, nicht einmal Griechenland, weil die Zahlungsfähigkeit mit Milliardenkrediten aus EU-Kassen garantiert wurde, ohne die das Land unweigerlich in die Pleite gerutscht wäre. Es ist noch keine Bank »ins Straucheln geraten«, nicht einmal die Hypo Real Estate, die nur mit Garantien und Kreditzusagen von über 100 Milliarden Euro vor dem Zusammenbruch bewahrt werden konnte. Und die Commerzbank, die immer noch teilverstaatlicht ist, weil sie sonst ebenfalls längst pleite wäre. Sollte es doch noch zur finanzpolitischen Kernschmelze kommen, »würde der Bundeshaushalt einspringen«.

Nur die Erinnerung an Uwe Barschel und Norbert Blüm hat Schäuble davon abgehalten, den entscheidenden Satz zu sagen: »Die Spareinlagen sind sicher. Dafür gebe ich Ihnen mein Ehrenwort.«

Ein Finanzminister, der allen Ernstes erklärt, im Falle einer Banken- beziehungsweise Staatspleite würden die Sparer aus dem Bundeshaushalt entschädigt werden, weiß entweder nicht, was er sagt, oder er hält seine Schäfchen für so dumm, dass sie ihm alles abnehmen. Der Bundeshaushalt für das Jahr 2013 liegt bei 302 Milliarden Euro. Die Spareinlagen betrugen Ende 2012 rund 628 Milliarden Euro, also mehr als das Doppelte. Selbst wenn es technisch machbar wäre, wäre die Bundesregierung nicht in der Lage, die Sparer aus dem Bundeshaushalt zu entschädigen, nicht einmal dann, wenn sie alle Ausgaben für Arbeit und Soziales, Verteidigung, Wirtschaft, Familien, Gesundheit, auswärtige Kulturarbeit und Entwicklungshilfe einstellen würde.

Es sei denn, die Europäische Zentralbank setzt tatsächlich die Notenpresse in Bewegung, damit jeder Sparer sein Geld ausbezahlt bekommt.

Wer 100 000 Euro auf seinem Konto hatte, bekäme dann 100 000 Euro bar auf die Hand. Und könnte sich für diesen Betrag ein gutes Mittagessen oder eine DVD mit dem Filmklassiker »Vom Winde verweht« kaufen.

Gut, dass wir darüber gesprochen haben!

3. Man muss auch gönnen können

Stellen Sie sich bitte einmal vor, Ihr Arzt ruft Sie an, um Ihnen das Ergebnis des letzten Routine-Check-ups mitzuteilen. Er sagt: »Sie haben noch eine gute Million Minuten vor sich. Wenn Sie aufpassen, könnte es auch etwas mehr sein, wenn Sie so weitermachen wie bisher, wird es weniger werden.«

Klingt nicht schlecht, denken Sie, nehmen einen Stift und einen Zettel und fangen an zu rechnen. Eine Stunde hat sechzig Minuten. Ein Tag hat 24 Stunden, das sind 1440 Minuten. Eine Million geteilt durch 1440, das macht, verdammt, 694 Tage, also noch nicht mal zwei Jahre! Und plötzlich wird Ihnen klar, was der Arzt Ihnen durch die Blume sagen wollte: Sie haben nicht mehr lange zu leben.

In Ihrer Verzweiflung rufen Sie jetzt den Arzt an. Eigentlich nur, um ihm zu sagen, dass Sie sich mit Ihrem Schicksal abgefunden haben. »Was haben Sie denn«, sagt Ihr Arzt, »Sie werden noch Urlaub auf dem Mars machen können, hin und zurück mit dem Lufthansa-Shuttle, alles inklusive für ein paar Tausend Euro – wenn es den dann noch gibt!«

Es stellt sich heraus, dass Ihr Arzt »eine Million« Minuten gesagt, aber »eine Milliarde« gemeint hat, man kommt ja so leicht durcheinander mit den großen Zahlen, und der Unterschied zwischen einer Million und einer Milliarde sind ja nur drei Nullen vor dem Komma.

Eine Milliarde Minuten, das sind 694 000 Tage beziehungsweise 1900 Jahre, also etwa die Zeit, die seit der Erfindung des Papiers in China zu Beginn des 2. Jahrhunderts vergangen ist, eine Ewigkeit.

Ganz beiläufig, sozusagen auf eine spielerische Art, haben Sie den Unterschied zwischen einer Million und einer Milliarde begriffen. Eine Million Mark, das war mal viel Geld, heute sind es gerade 500 000 Euro, man bekommt dafür eine 3-Zimmer-Wohnung in Schwabing oder vier bis sechs Porsche Panamera, je nach Ausstattung.

Im Laufe der letzten Jahre ist uns der Sinn für Zahlen abhandengekommen. Als Hilmar Kopper, damals Vorstandssprecher der Deutschen Bank, 1994 von »Peanuts« sprach, meinte er 50 Millionen DM, die der Bauunternehmer Jürgen Schneider seinen Handwerkern schuldete. Die Öffentlichkeit war empört, Kopper hatte seine Reputation mit einem Satz verspielt. Als die Philipp Holzmann AG, ein global agierendes deutsches Bauunternehmen mit 43 000 Mitarbeitern und über 13 Milliarden DM Umsatz, Ende 1999 Insolvenz anmelden musste, weil »bisher unentdeckte Altlasten« bekannt wurden, schaltete sich Bundeskanzler Gerhard Schröder persönlich ein, um das Unternehmen und die Arbeitsplätze zu retten. Ein Bankenkonsortium stellte eine Milliarde DM als Kredit zur Verfügung, der Bund übernahm eine Bürgschaft über 250 Millionen DM. So konnte die endgültige Insolvenz wenigstens um zwei Jahre, bis Anfang 2002, verzögert werden.

Das waren noch Zeiten! Heute würde die Kanzlerin wegen einer halben Milliarde Euro nicht einmal ihren Urlaub unterbrechen! Auch die Tatsache, dass der Bund, die Länder und die Kommunen mit über zwei Billionen Euro – das ist eine Zwei mit zwölf Nullen beziehungsweise zwei Millionen Millionen – verschuldet sind, raubt ihr nicht den Schlaf. Denn ein wirtschaftlich starkes Land wie die Bundesrepublik kann es sich leisten, alte Schulden durch die Aufnahme neuer Schulden zu refinanzieren.

Die Gesamtausgaben des Bundes im Jahre 2013 lagen bei 302 Milliarden Euro. Davon entfielen 11 Prozent, also etwas über 33 Milliarden, auf das »Bundesschuldenwesen«, Tilgung und Zinsen der aufgenommenen Kredite. Der Etat des Ministers für Verteidigung betrug ebenfalls 11 Prozent.

Nehmen wir einmal an, die Kommunen, die Länder und der Bund würden ab sofort keine neuen Kredite mehr aufnehmen und ihre alten Verbindlichkeiten abzahlen. Wie lange würde es dauern, bis sie »entschuldet« wären?

Die Antwort auf diese Frage hängt von zu vielen Faktoren ab, als dass sie verlässlich beantwortet werden könnte. Ob es sich um feste oder flexible Zinsen handelt, wie hoch die Tilgungsrate ist, wie sich die Inflation entwickelt – und so weiter. Versuchen wir es trotzdem. Unterstellen wir, Bund, Länder und Gemeinden würden – wie ein Hausbesitzer, der bei seiner Bank einen Kredit aufgenommen hat – jedes Jahr ein Prozent der Schulden tilgen. Zuzüglich der Zinsen.

Bei einem Zinssatz von einem Prozent würden die Schuldner 100 Jahre lang jedes Jahr 32 Milliarden Euro an die Gläubiger zahlen, bei drei Prozent Zinsen wären es 63 Milliarden Euro jährlich und bei fünf Prozent über 100 Milliarden – immer vorausgesetzt, es kommt nichts dazwischen, kein Krieg, keine Naturkatastrophen und keine verlorene Fußball-WM.

Wenn sie es also schaffen, keine neuen Kredite aufzunehmen, was extrem unwahrscheinlich ist, wären der Bund, die Länder und die Gemeinden im Laufe von drei bis vier Generationen frei von den Lasten, die sie in den letzten Jahrzehnten angehäuft haben, um all die ambitionierten Projekte finanzieren zu können, die sie aus den regulären Einnahmen nicht finanzieren konnten. Die vielen städtischen Bühnen und Orchester, die Subventionen für den Bergbau und die Solarwirtschaft, das Kindergeld, das Elterngeld, die Pendlerpauschale und die Eigenheimzulage, die ABM-Maßnahmen, die Qualifizierung von Arbeitslosen, die Klimaforschung, die Filmförderung, den Bau von Windkraftanlagen, die Entwicklung des Elektroautos und die Prämien für Haus- und Scheunenbesitzer, die den Charme der Fotovoltaikanlagen zum eigenen Vorteil entdeckt haben.

Dieses Szenario ist im doppelten Sinn hypothetisch. Erstens würde es das Ende des Sozial- und Subventionsstaates bedeuten, zweitens lässt es einen Kostenfaktor unberücksichtigt, dessen Dimension niemand realistisch einschätzen kann: die Betriebskosten für das Projekt Europa.

Der Haushalt der Union für die Jahre von 2014 bis 2020 beträgt eine Billion Euro, eine Million Millionen Euro. Man muss sich das Budget wie einen großen Topf vorstellen, in den alle etwas einzahlen und aus dem alle etwas bekommen. Die einen mehr, die anderen weniger. Einige finanzstarke Länder, wie die Bundesrepublik, zahlen mehr ein, als sie erhalten, die meisten Länder bekommen mehr heraus, als sie einbezahlt haben. Wie es eben so ist, wenn eine »Umfairteilung« stattfindet.

Damit wir uns nicht missverstehen. Ich habe nichts gegen Solidarität, Fairness und soziale Wohltaten. Ich zahle meine Steuern und erwarte, dass damit Sinnvolles geschieht: Dass für meine Sicherheit gesorgt wird, dass die Infrastruktur funktioniert, die Verwaltung, Justiz und so fort. Dass, wenn es nötig ist, die Bundeswehr ausrückt und hilft, einen Völkermord zu verhindern. Dass jemandem, der von Natur aus benachteiligt ist oder den ein Schicksalsschlag getroffen hat, geholfen wird, damit er menschenwürdig leben kann oder wieder auf die Beine kommt. Dass es manchmal zu Missbrauch kommt, nehme ich schulterzuckend in Kauf. Ich zahle dann lieber für einen schlitzohrigen griechischen Schafhirten als für einen Brandenburger Neonazi auf Hartz 4. Ich möchte nur nicht, dass dafür in meinem Namen andauernd Kredite aufgenommen werden, für die ich – ohne gefragt zu werden – auch noch mithaften soll.

Man kann das Verfahren dieser »Umfairteilung« in der EU mit dem so genannten »Länderfinanzausgleich« in der Bundesrepublik vergleichen, bei dem drei Länder (Bayern, Baden-Württemberg, Hessen) mit ihren Überschüssen die Haushalte der restlichen dreizehn Länder mitfinanzieren. Hier wie dort gilt: Wer die Umverteilung organisiert, muss darauf achten, dass die Nutznießer das Geld auch sinnvoll verwenden. Wer mit den Subventionen aber nur Wahlgeschenke an Klientel finanziert, in Form von »kultureller Repräsentation« (Berlin), eines niedrigen Renteneintrittsalters (Frankreich) oder besonders niedriger Steuern (Zypern, Malta), darf sich nicht wundern, wenn diejenigen, die solche Wohltaten bezahlen, irgendwann sauer werden.

Die EU ist kein kommerzielles Unternehmen, sie ist ein

Apparat, der mit der einen Hand nimmt und mit der anderen gibt, also durchaus einem Staat vergleichbar. Für diese Leistung erhebt sie, wie jeder Makler oder Zwischenhändler, eine Gebühr: Sechs Prozent ihres Jahreshaushalts gehen für Personal, Verwaltung und Instandhaltung der Gebäude drauf. Bei einem Budget von etwa einer Billion Euro sind das ungefähr 60 Milliarden Euro. Und die ersten, die von dieser »Kommission« profitieren, sind die Mitarbeiter der EU mit ihren gut bezahlten, krisensicheren Jobs.

Wie viele es sind, hängt davon ab, wen man fragt. In Brüssel jedenfalls kann man immer wieder den Satz hören, die EU beschäftige so viele Menschen wie die Stadt Köln in ihrer Verwaltung. Und das sei doch wirklich nicht zu viel, wenn man bedenkt, dass in Köln etwas mehr als eine Million Menschen leben, in den Grenzen der EU aber 500 Millionen. – Wirklich? Oder wie man in Köln sagt: In echt?

Glaubt man dem Statistischen Jahrbuch der Stadt Köln, hatte die Domstadt im Jahre 2011 ein »Stammpersonal« von 16 290 Personen, dazu kamen 2230 weitere Beschäftigte, Azubis, Honorarkräfte etc. Macht alles in allem 18 520 Personen. Wer eine Weile in Köln gelebt und den Kölschen Filz erlebt hat, der weiß, dass man solche Zahlen mit Vorsicht genießen und eher nach unten als nach oben korrigieren muss. Denn »Beschäftigte« bedeutet in Köln nicht automatisch »Arbeitende«. Wer vormittags in Köln in einem der vielen Brauhäuser sitzt und über das Leben philosophiert, der ist auch »beschäftigt«. Möglicherweise sogar bei der Stadt. Hinzu kommt, dass es in Köln ein stark ausgeprägtes Solidaritätsgefühl gibt. Wer einen guten Job hat, tut alles dafür, dass sein Bruder, sein Schwager, sein Neffe, sein bester Freund, den er letzte Woche beim »Päffgen« an der Theke kennengelernt hat, auch einen bekommt. »Mer muss och jönne könne«, sagt der Kölner und meint es auch so. Man muss auch gönnen können.

In Köln sind also rund 18 500 Menschen bei der Stadt »beschäftigt«. Im besten Falle sind es nur zehn- bis zwölftausend, die einer nützlichen und wichtigen Tätigkeit nachgehen: Müllfahrer, Krankenschwestern, Kanalarbeiter, Straßenbahner, Altenpfleger, Kindergärtner und Totengräber.

Und das sind alles Berufe, die im Stellenkatalog der EU nicht vorkommen, die rund 50 000 Menschen beschäftigt. Hier braucht man vor allem Ökonomen, Statistiker, Übersetzer, Netzwerker, Buchhalter, Juristen, PR-Berater, IT-Fachleute und jene Sorte von Alleskönnern, die als »Politiker« bezeichnet wird, also zum Beispiel einen Mann wie Edmund Stoiber, der, nachdem er als bayerischer Ministerpräsident abdanken musste, von der EU nach Brüssel geholt wurde, um dort Vorschläge zum Abbau der Bürokratie zu erarbeiten. Er macht es so erfolgreich, dass sein Vertrag bereits einmal verlängert worden ist. Denn eine Bürokratie abzubauen, kostet mindestens ebenso viel Zeit, wie man braucht, um sie aufzubauen. Wenn nicht mehr.

Über den absurden Aufwand, der in Brüssel betrieben wird, ist schon viel geschrieben worden. Wer es genau wissen will, dem kann ich nur das Buch von Hans Magnus Enzensberger empfehlen: »Sanftes Monster Brüssel«. Es geht darin um die »Entmündigung Europas«. Wobei »sanft« und »Entmündigung« sehr elegante Umschreibungen für ein Betriebssystem sind, das sich selbst ermächtigt hat, Europa von oben nach unten umzubauen. Die EU-Verweser

Bezahlung in deutschen Ämtern und von Tätigkeiten in Deutschland im Vergleich zur Bezahlung von Tätigkeiten in der EU (brutto)

Amt bzw. Tätigkeit in Deutschland[1]	Monatliches Brutto (in Euro)
Bundespräsident	18 083
Bundeskanzler	16 275
Bundesminister	13 039
Beamteter Staatssekretär	12 360
Bundestagsabgeordneter[2]	7 960
Facharzt im 9. Jahr	6 090
Institutsdirektor an einer Universität	5 797
Arzt im 4. Jahr an einem kommunalen Krankenhaus	4 487
Wissenschaftlicher Mitarbeiter mit Doktorgrad im 2. Jahr an einer Universität	3 833

1) Politische Ämter: Grundgehalt ohne Aufwandsgeld. Bundeskanzler und Bundesminister: Grundgehalt ohne Abgeordnetendiäten
2) Abgeordnetendiät ohne Spesenpauschale
3) Mitglieder der EU-Kommission: Grundgehalt plus 15 Prozent Auslandszulage, ohne Aufwandsentschädigung; EU-Beamte: Grundgehalt plus 16 Prozent Auslandszulage, Familienstand: verheiratet, ein Kind im Vorschulalter
4) Im Eingangsamt
5) Mit Auslandszulage: 4425 Euro

Quellen: WELT Online, 3. Februar 2013, www.welt.de/wirtschaft/article113330591/4365-EU-Beamte-verdienen-mehr-als-die-Kanzlerin.html; www.oeffentlicher-dienst.info; EU-Kommission (ec.europa.eu); eigene Berechnungen

Tätigkeit in der EU-Verwaltung[3]	Monatliches Brutto (in Euro)
Präsident der EU-Kommission	29 154
Hoher Vertreter der EU für Außen- und Sicherheitspolitik	27 464
EU-Kommissions-Mitglied	23 767
Generaldirektor im 5. Jahr	22 406
Direktor im 7. Jahr	18 173
Referatsleiter im 3. Jahr	13 450
Persönlicher Assistent im 5. Jahr	12 444
Übersetzer im 5. Jahr	7 875
Finanzrat i.E.[4] im 3. Jahr	6 080
Dokumentar i.E. im 3. Jahr	5 458
Sekretariatsassistent im 3. Jahr	4 425
Saaldiener des Parlaments im 3. Jahr	3 815 (ohne Auslandszulage)[5]

Die angegebenen Gehälter sind ungefähre Zahlen. Dennoch geben sie die Tendenz adäquat wieder. Die Eingruppierung in die Gehaltsstufen der EU-Verwaltung hängt von der individuellen Qualifikation ab und kann für ähnliche Tätigkeiten variieren. Die vorliegenden Berechnungen reizen die Einstufungsmöglichkeiten nicht aus. Zum Beispiel kann ein Saaldiener im 3. Jahr 4146 Euro (ohne Auslandszulage!) verdienen, wenn er in die Besoldungsstufe 3 statt 2 eingestuft wird.

Generaldirektoren sind die höchstrangigen EU-Beamten. Sie unterstehen direkt einem Kommissionsmitglied. Ihnen untergeordnet sind die Direktoren: Diese leiten in der Regel drei bis sieben Referate mit insgesamt 100 Mitarbeitern im Durchschnitt. Die »wichtigste Aufgabe« der Referatsleiter »besteht darin, die Ziele für die Arbeit ihrer Mitarbeiter im Rahmen der strategischen Planung der Generaldirektion festzulegen und zu aktualisieren sowie Ziele für ihr eigenes Referat festzulegen und deren Umsetzung zu überwachen und zu bewerten«. (Quelle: EU-Kommission, ec.europa.eu) sind mehr als nur Technokraten, die eine abstrakte Idee in die politische Wirklichkeit umsetzen wollen. Sie bilden den neuen Adel Europas, der sich, wie es schon immer die adelige Art war, grenzüberschreitend organisiert hat. Von Portugal bis Polen, von Finnland bis Malta. Sie arbeiten an einem großen Hof und unterhalten selber kleine Hofstaaten.

Nehmen wir zum Beispiel den Präsidenten des EU-Parlaments, Martin Schulz, einen jovialen Rheinländer, der mit entwaffnender Offenheit zugibt, dass der EU, wäre sie ein Staat, die Aufnahme in die EU verweigert würde – mangels demokratischer Legitimation.

Schulz sitzt einem Parlament vor, das mehr mit dem Obersten Sowjet der ehemaligen SU, der Sowjetunion, als mit der Bezirksverordnetenversammlung von Kreuzberg-Friedrichshain gemein hat. Das EU-»Parlament« ist die einzige Volksvertretung innerhalb der so genannten »freien Welt«, die kein Recht hat, Gesetze vorzuschlagen. Das EU-Parlament ist dazu da, die Entscheidungen der EU-Kommission abzusegnen, die ihrerseits mit exekutiven und legislativen Vollmachten ausgestattet ist, also gegen das Prinzip der Gewaltenteilung verstößt, eine der Säulen jeder demokratischen Verfassung.

Nochmals langsam zum Mitschreiben: Dieselben Menschen, die bei jeder passenden und unpassenden Gelegenheit eine »europäische Identität«, einen »gemeinsamen Wertekanon« et cetera beschwören und sich dabei auf europäische Errungenschaften wie Demokratie und Gewaltenteilung berufen, haben ein politisches System geschaffen, das eben diesen beschworenen Werten Hohn spricht.

Nicht die 754 Europaabgeordneten, also die Volksvertreter haben das Sagen, sondern die 27 EU-Kommissare aus ebenso vielen Ländern, beziehungsweise 28, nach dem Beitritt Kroatiens im Juli 2013.

Es gilt das Prinzip: »One state, one vote«. Anders als in jedem richtigen Parlament gibt es im Europaparlament keine Regierungsfraktion und keine Opposition. Wer einmal eine Abstimmung miterlebt hat, der weiß, was der Begriff »Farce« bedeutet. Im Minutentakt wird über Vorgaben der EU-Kommission entschieden, wobei die Berichterstatter bzw. Fraktionssprecher ein Handzeichen geben: Daumen nach oben bedeutet Ja, Daumen nach unten bedeutet Nein. Dementsprechend »stimmen« die Abgeordneten ab. In jeder Studentenvertretung einer Fachhochschule geht es demokratischer zu.

Bevor Martin Schulz Europapolitiker wurde, war er in der Kommunalpolitik aktiv. Der gelernte Buchhändler trat mit 19 Jahren den Jusos bei, wurde 1984 für die SPD in den Stadtrat von Würselen bei Aachen gewählt und nur drei Jahre später, gerade mal 31 Jahre alt, zum Bürgermeister der Gemeinde. Nicht nur für rheinische Verhältnisse war das eine Blitzkarriere.

1994 kandidierte Schulz mit Erfolg für das Europaparlament. Sein Amt als Bürgermeister von Würselen gab er erst 1998 auf, um sich ganz der Europapolitik widmen zu können. Einer größeren Öffentlichkeit wurde der Ehrendoktor der Technischen Universität von Kaliningrad im Sommer 2003 bekannt, als es zwischen ihm und dem italienischen Ministerpräsidenten Berlusconi in einer Sitzung des Europaparlaments zu einem Eklat kam. Berlusconi empfahl dem deutschen Sozialdemokraten, sich um die Rolle eines Kapos in einer italienischen Filmproduktion zu bewerben. Später behauptete Berlusconi, er habe damit nur auf den gleichnamigen und sehr gutmütigen Kriegsgefangenen-Aufseher in der Fernsehserie »Ein Käfig voller Helden« anspielen wollen.

Was immer der aufbrausende Cavaliere wollte oder meinte, er hatte dem Sozialdemokraten aus der Eifel einen großen Gefallen getan. Aus dem No-Name-Produkt Schulz wurde über Nacht ein Markenzeichen für Anstand und Zivilcourage. Dabei ging es um mehr als den Zusammenstoß zweier Alpha-Männchen auf einer großen Bühne, es war ein »Clash of Civilizations« zwischen dem kühlen Norden und dem heißen Süden, ein Vorgeschmack auf die Konflikte, die sich Jahre später im Verlauf der Euro-Krise entladen sollten.

Inzwischen ist Schulz – der einzige Abgeordnete im EU-Parlament, der kein Stimmrecht hat – das Gesicht der EU, viel präsenter in unseren Medien als der Präsident der Kommission, Barroso, und der Ratspräsident Van Rompuy. Er nimmt täglich Stellung zu aktuellen Fragen, gibt Interviews und reist durch das Land, um für Europa zu werben.

Zum Beispiel auf der Delegiertenversammlung der IG Metall Köln-Leverkusen, wo er »eine flammende und mitreißende Rede« hielt, bei der man in den »Redepausen eine Stecknadel auf den Boden fallen hören« konnte, wegen der »nachvollziehbaren Argumente«, wie auf seiner eigenen Homepage anschließend zu lesen war. Zu den nachvollziehbaren Argumenten gehörte auch eine düstere Vorhersage: »Unmissverständlich machte Schulz klar, dass bei wachsender Weltbevölkerung die Menschen in Europa nur geeint in Zukunft eine Chance auf Wahrnehmung im globalen Dorf namens Welt hätten. 2040 leben rund acht Milliarden Menschen auf dem Globus und vier Prozent in Europa. Die dann auf 76 Millionen geschrumpfte Zahl der Bürger Deutschlands mache dann nur noch ein Prozent der Weltbevölkerung aus.«

Demografische Vorhersagen und Prognosen über den Klimawandel haben eines gemeinsam: Sie taugen vor allem dazu, den Empfängern Angst einzujagen. Acht Milliarden Menschen! Davon nur noch 76 Millionen Deutsche! Nicht einmal ein Prozent! Und davon vermutlich mehr als die Hälfte Beutedeutsche mit Migrationshintergrund! Wer soll dann noch die Produkte der metallverarbeitenden Industrie kaufen?

Nüchtern betrachtet wäre eine solche Entwicklung durchaus wünschenswert. Man würde endlich wieder einen Parkplatz direkt vor dem KaDeWe bekommen und müsste nicht ein halbes Jahr auf einen Termin zur Darmkrebsvorsorgeuntersuchung warten.

Allerdings: Vor nichts – globale Erwärmung, Kernkraft, Vogelgrippe, Dioxin in Bioeiern, Fracking, Pferdefleisch in Konserven und Peer Steinbrück einmal ausgenommen –, vor nichts haben die Deutschen so viel Angst wie vor der Möglichkeit, in dem »globalen Dorf namens Welt« nicht mehr wahrgenommen zu werden. Was sollen da die Isländer, Esten und Montenegriner sagen, deren Anteil an der Weltbevölkerung im Jahre 2040 nur wenige Promille betragen wird, von den Wenden und Sorben in der Lausitz und den Rätoromanen in Graubünden gar nicht zu reden? Aus einem Volk ohne Raum droht ein Raum ohne Volk zu werden.

Aber wenn dem wirklich so wäre, dann sollte Schulz, statt die Delegierten der IG-Metall Köln-Leverkusen zu erschrecken, etwas gegen den drohenden Bevölkerungsrückgang unternehmen und – wie Nobelpreisträger Grass sagen würde – »mit letzter Tinte« zur Tat schreiten. Zeit genug hätte er ja, er müsste allenfalls darauf verzichten, Fernsehrezensionen für die FAZ zu schreiben, wie die über den ARD-Dreiteiler »Unsere Mütter, unsere Väter«, in der er darüber räsoniert, dass »Auschwitz den Tiefpunkt der menschlichen Zivilisation markiert« und wie dünn »der Firnis der Zivilisation« ist, weswegen er, Martin Schulz, »so vehement für das europäische Einigungswerk« kämpft. Denn es steht viel auf dem Spiel: »Wir riskieren, zu Beginn des 21. Jahrhunderts die Fehler des frühen 20. Jahrhunderts zu wiederholen.«

Soll heißen: Geht es mit Europa schief, dann stehen »die Dämonen von einst« wieder vor der Tür. Sagt Schulz, und im Saal mit den Delegierten der IG Metall Köln-Leverkusen wird es so still, dass man eine Stecknadel zu Boden fallen hören könnte. Ja, das ist ein nachvollziehbares Argument: Wenn wir den Zusammenbruch der Zivilisation nicht riskieren, wenn wir nicht noch einmal am »Tiefpunkt der menschlichen Zivilisation« ankommen wollen, dann müssen wir für das »europäische Einigungswerk« kämpfen. Europa oder Auschwitz.

Es wäre der richtige Moment, den Präsidenten des Europaparlaments, Martin Schulz, darauf aufmerksam zu machen, dass es schon einmal ein »europäisches Einigungswerk« gegeben hat, das im allgemeinen Chaos endete. Die »Dämonen von einst« als Zeugen für die Notwendigkeit der europäischen Einigung von heute anzurufen, ist nicht nur frivol, es ist auch riskant, weil es die Frage provoziert, wer in dem vereinten beziehungsweise vereinigten Europa das Sagen haben soll. Die Kinder der Raubritter von gestern spielen die Samariter von heute.

Ich will Schulz keine böse Absicht unterstellen, er meint es sicher gut, aber wenn einem deutschen Politiker nichts mehr einfällt, dann fällt ihm mit Sicherheit Auschwitz ein, und sei es nur, um eine mittelmäßige Fernsehproduktion, in der die Täter zu Opfern stilisiert werden, als einen Beitrag zur historischen Wahrheitsfindung zu loben.

Der Präsident der Europäischen Parlaments, so heißt es in den Statuten, »verkörpert das Parlament nach außen und in seinen Beziehungen zu den übrigen Organen und Einrichtungen der Europäischen Union«, er wird dabei von nicht weniger als »14 Vizepräsidenten unterstützt«. Sein »Kabinett« besteht aus 38 Mitarbeitern, einem Chef des Kabinetts und einem Stellvertretenden Chef des Kabinetts, die ihrerseits über acht Assistenten und Berater verfügen. Hinzu kommen fünf Berater und Assistenten, die für das Protokoll und den Terminkalender des Präsidenten zuständig sind, fünf Assistenten und Berater in der Abteilung Innere und sechs in der Abteilung Äußere Angelegenheiten. In der Abteilung Presse und Kommunikation sind acht Berater und Assistenten damit beschäftigt, Journalisten zu betreuen und die Homepage des Präsidenten, seinen Twitter- und Facebook-Auftritt zu gestalten; schließlich noch zwei Kammerdiener beziehungsweise Zeremonienmeister, je nachdem wie man den Begriff »Usher« übersetzt, der Fahrer des Präsidenten und ein »Clerical Assistant«, was immer das bedeuten mag. Wie gesagt, alles in allem 38 Zu- und Mitarbeiter, die mit dem Chef zwischen Brüssel und Straßburg hin- und herfahren, je nachdem wo das Europaparlament gerade tagt. So ein Aufwand, bei dem Input und Output in einem absurden Verhältnis zueinander stehen, will gut legitimiert sein. Kein Wunder, dass es immer gleich um Auschwitz, Krieg und Frieden und die Zukunft der Menschheit gehen muss.

Die 38-Personen Entourage des Präsidenten des EU-Parlaments ist nur etwas kleiner als der 44-köpfige Rat der Stadt Würselen, wo Martin Schulz seine politische Karriere begonnen hat. Zu seinem Erbe, das er der Stadt hinterlassen hat, gehört das Spaßbad »Aquana«, dessen Unterhaltskosten schwer auf der Stadtkasse lasten. Der Abenteuerspielplatz Europa ist die logische Fortsetzung des kommunalen Spaßbades. Nur größer, teurer und mit mehr gut bezahlten Planstellen ausgestattet.

Wie sagt es der Rheinländer? Man muss auch gönnen können.

4. Deswegen macht man es meistens am Wochenende

Die Ehe, sagt Woody Allen, »ist ein Versuch, zu zweit Probleme zu lösen, die man allein nicht gehabt hätte«. Eine Ehe, sagt der britisch-ungarische Satiriker George Mikes, »ist der originelle Versuch, die Kosten zu halbieren, indem man sie verdoppelt«.

Beide Sätze treffen auch auf die Europäische Union zu. Seit der Gründung der drei Europäischen Gemeinschaften – der Europäischen Gemeinschaft für Kohle und Stahl (EGKS), 1951, der Europäischen Wirtschaftsgemeinschaft (EWG), 1957, und der Europäischen Atomgemeinschaft (Euratom), ebenfalls 1957 – ist »Europa« immer größer geworden. Wie ein Unternehmen, das durch den Ausbau seiner Produktion und Aufkäufe anderer Firmen von Jahr zu Jahr größeren Umsatz macht. Es ist ein im Kapitalismus ganz natürlicher Vorgang. Wer auf dem Markt reüssieren will, der muss wachsen. Und diversifizieren.

Schauen Sie sich nur einmal das VW-Programm aus dem Jahre 1955 an. Es bestand im Wesentlichen aus drei Modellen: dem Käfer (mit dem ovalen Heckfenster), dem VW Type 14, besser bekannt als Karmann Ghia, und dem Volkswagen Type 2, einem Minibus, den es auch als Kleinlaster gab. Das war's. Im selben Jahr lief der einmillionste Käfer vom Band.

Heute betreibt der Wolfsburger Autobauer 100 Produktionsstätten in 27 Ländern: In Europa, Nord- und Südamerika, Asien und Afrika; über eine halbe Million Beschäftigte produzieren jeden Tag mehr als 37 000 Fahrzeuge, die in 153 Ländern angeboten werden. Der Umsatz lag im Jahre 2012 bei 192 Milliarden Euro, das entspricht zwei Drittel des Bundeshaushalts pro Jahr. Zum VW-Konzern gehören zehn quasi selbständige Marken, die zum Teil gegeneinander konkurrieren, darunter Škoda, Seat, Audi, Lamborghini, Bugatti und Bentley. Würde VW nach einem passenden Motto für seine globalen Aktivitäten suchen, käme vermutlich »Einheit in Vielfalt« am ehesten in Frage. Aber der Wahlspruch ist schon vergeben. »In Vielfalt geeint« lautet die Losung der EU.

Und damit hören die Ähnlichkeiten zwischen VW und der EU auch schon auf. Volkswagen ist ein Unternehmen, das nach den Regeln der Marktwirtschaft funktioniert, die EU ist eine Idee, die sich selbständig gemacht hat. Auf dem Weg von der Montanunion über die EWG und die EG zur Europäischen Union, von einer überschaubaren Sechser-Runde zu einem Runden Tisch mit inzwischen 28 Teilnehmern, die in 24 Sprachen kommunizieren, von den Römischen Verträgen über »Maastricht«, dem Vertrag über die Europäische Union, bis nach »Lissabon«, dem Vertrag über die Arbeitsweise der Europäischen Union, der aus einer Präambel und 358 Artikeln besteht, in denen alles festgelegt und geregelt wird, was ein Jurist vorwegzunehmen in der Lage ist, ist ein bürokratisches Monster entstanden, das sich am Unmöglichen abarbeitet.

Einerseits will es verbindliche Regeln für alle Beteiligten festlegen, andererseits individuelle Interessen berücksichtigen. Die Quadratur des Kreises wäre dagegen eine Übung für das KiKA-Programm.

Es gibt Sonderregelungen für die überseeischen Hoheitsgebiete der Mitgliedsstaaten; einige sind »integriert«, andere nicht. Die Kanalinseln und die Isle of Man gehören zum Vereinigten Königreich, aber nicht zur EU. Für die Faröer, eine autonome Inselgruppe innerhalb des dänischen Königreichs, gelten andere Regeln als für die portugiesischen Azoren. Daneben unterhält die EU besondere Beziehungen zu Norwegen und Liechtenstein, die ihrerseits den letzten Rest der Europäischen Freihandelsassoziation EFTA bilden, die sich mit der EU zum Europäischen Wirtschaftsraum EWR zusammengeschlossen hat, dem auch Island angehört. Die politischen und wirtschaftlichen Beziehungen mit den europäischen Zwergstaaten Andorra, Liechtenstein, Monaco, San Marino und dem Vatikan wurden ebenfalls vertraglich geregelt, mit der Schweiz wurden bilaterale Abkommen geschlossen.

Aber glauben Sie nicht, das wäre schon alles. Es gibt da noch die Europäische Nachbarschaftspolitik (ENP), ein strategisches Programm mit dem Ziel, einen »Ring stabiler, befreundeter Staaten« rund um die EU zu etablieren. Die Union für das Mittelmeer, 2008 in Paris auf Anregung des damaligen französischen Präsidenten Sarkozy ins Leben gerufen, soll »die Grundlagen für eine politische, wirtschaftliche und kulturelle Union auf der Basis strenger Gleichheit« zwischen den Mitgliedsstaaten der EU, den Mittelmeeranrainern und einigen angrenzenden Staaten festlegen; die Östliche Partnerschaft, 2009 in Prag aus der Taufe gehoben, hat sich vorgenommen, die östlichen Nachbarn der EU –

Armenien, Aserbaidschan, Georgien, Moldawien, Ukraine und Weißrussland – an die Union »heranzuführen«.

Selbst alte Kenner der Brüsseler Szene sind nicht in der Lage, die Anzahl und die Arbeitsweise der verschiedenen Netzwerke zu überblicken, die aus der EU hervorgegangen sind, mit ihr kooperieren oder ihr zuarbeiten. Sicher ist nur: Das System ist extrem kosten- und personalintensiv. Kurzum: eine gigantische Arbeitsbeschaffungsmaßnahme.

Das Rollenmodell für die EU ist Belgien, ein »Failed state« mitten in Europa, der für seine Pommes frites und seine pädophile Subkultur weltberühmt ist, und in dem außer Pralinés und Dienstleistungen fast nichts mehr produziert wird. Dafür hat das Land vier autonome Provinzen mit vier Regierungen und vier Parlamenten, weswegen es ihm dann am besten geht, wenn es keine zentrale Regierung hat, was in Belgien öfter vorkommt, ohne dass es im Land wirklich wahrgenommen würde. Belgien lebt von der EU, so wie die EU von den Beiträgen ihrer Mitgliedsstaaten lebt. Seinen in der Kolonialzeit angehäuften Reichtum hat das Land längst aufgebraucht; der Besucher merkt es sofort, wenn er mit dem Wagen von Holland einfährt und die Radschrauben Alarm schlagen. Ohne die EU-Institutionen wäre Belgien längst desintegriert, zwischen Holland und Frankreich aufgeteilt oder politisch und wirtschaftlich auf das Niveau von Burundi herabgestuft worden.

Wenn man aber einen Blick in die Zukunft der EU werfen will, kommt man um einen Besuch in Brüssel nicht herum. Gleich hinter den pompösen Palästen der EU-Behörden wartet eine ganz andere Welt darauf, entdeckt zu werden. Man kann hier gut essen und preiswert einkaufen, man muss nur wissen, dass man sich nur noch bedingt in einem Land befindet, das die »Allgemeine Erklärung der Menschenrechte« mitunterzeichnet hat. Ich würde zum Beispiel keiner Frau empfehlen, allein in eines der vielen Cafés rund um den Place St. Antoine zu gehen. Hier sind die Utopien der Berliner Unisex-Toiletten-Anhänger schon verwirklicht worden: Es gibt nur Männerklos.

Aber das sind Gegenden, in die sich EU-Mitarbeiter allenfalls verirren, wenn sie ihren geklauten Audi suchen, der, in seine Einzelteile zerlegt, ins Ausland gebracht wurde. Brüssel ist eine Art Varieté, ein Illusionstheater, die Kapitale der Magier und Wunderwerker. Hier werden Milliarden aus dem Hut gezaubert und gleich pulverisiert, hier werden Ströme von Wein in Wasser verwandelt, hier wird, wie früher in Rom, per Daumenzeichen über das Schicksal von Menschen entschieden, die Tausende von Kilometern entfernt erst dann merken, wie machtlos sie sind, wenn es zu spät ist.

Eigentlich wollte ich die Zypern-Krise, die Mitte März ausbrach, chronologisch dokumentieren. Aber das erwies sich als unmöglich, weil nicht einmal der fleißigste Chronist mit den Ereignissen Schritt halten konnte. So konzentrierte ich mich darauf, mir ein paar Fragen zu merken, die in den Berichten unbeantwortet blieben, um sie bei meinem nächsten Besuch in Brüssel einem der inzwischen 28 EU-Kommissare zu stellen.

Wie konnte eine Krise so gewaltigen Ausmaßes quasi über Nacht ausbrechen? Hat sie niemand kommen sehen? Steuerte Zypern auf einen Staatsbankrott oder eine Bankenpleite zu? In den Berichten wurden beide Begriffe synonym verwendet. Wenn auf den Konten der beiden größten zyprischen Banken 70 Milliarden Euro lagen, wie konnten sie dann Probleme mit der Liquidität haben? Wieso war in den Berichten immer von einer »Beteiligung« der Konteninhaber an der »Rettung« der Banken die Rede? Sich an etwas zu beteiligen, ist ein aktiver Vorgang, er setzt eine Interessenabwägung und einen Entschluss voraus. Davon konnte im Falle der Anleger keine Rede sein, denn sie wurden genötigt, einen Teil ihrer Einlagen zu opfern. Vor allem aber: Warum wurde Zypern, dessen nördlicher Teil 1974 von den Türken annektiert worden ist, im Jahre 2004 überhaupt in die EU aufgenommen, obwohl den Statuten der EU entsprechend nur die ganze Insel der Union hätte beitreten dürfen? Auch das »Geschäftsmodell«, von dem Finanzminister Schäuble dauernd munkelte, war allen Beteiligten bekannt, so wie allen auch das »Geschäftsmodell« von Luxemburg, Malta, Liechtenstein, der Schweiz, den Cayman Islands hinlänglich bekannt ist.

Die Antwort auf diese Frage steht auf einer offiziellen Homepage der EU (http://europa.eu/about-eu/countries/member-countries/cyprus/index_de.htm), auf der das Mitgliedsland Zypern vorgestellt wird. Da heißt es, Zypern sei »seit Jahrtausenden eine Brücke zwischen Europa, Asien und Afrika«, man findet auf der Insel »auch heute noch zahlreiche Spuren vergangener Kulturen«, darunter »römische Amphitheater und Villen, byzantinische Kirchen und Klöster, Kreuzritterburgen, osmanische Moscheen und prähistorische Siedlungen«. Außerdem sei Zypern auch »als Insel der Aphrodite – der Göttin der Liebe und der Schönheit – bekannt«; über die Ökonomie der Aphrodite-Insel erfährt der Leser Folgendes: »Die bedeutendsten Wirtschaftszweige Zyperns sind die Tourismusbranche, Ausfuhr von Kleidung und Kunsthandwerk sowie die Handelsschifffahrt. Zum traditionellen Kunsthandwerk zählen Stickerei-, Töpfer- und Kupferarbeiten.«

So leben die Zyprer inmitten römischer Amphitheater, byzantinischer Kirchen, Klöster und Kreuzritterburgen vom Tourismus und der Handelsschifffahrt, und wenn sie abends von der Arbeit heimkommen, dann sticken, töpfern und »kupfern« sie ein wenig, um die Außenhandelsbilanz ihres Landes zu verbessern. Kein Wort über Banken oder gar obskure Geschäfte mit russischen Oligarchen, die Zypern vor allem als Geldwaschanlage und Steueroase schätzen. Zwar wird in dem Text erwähnt, dass die Insel 1974 »geteilt« und der Nordteil des Landes von der türkischen Armee »besetzt« worden ist, wenn man aber die Karte der Insel anklickt, sieht man keine Demarkationslinie zwischen dem türkischen Teil im Norden und dem griechischen Teil im Süden, sondern nur die sechs Verwaltungsbezirke der Insel, die offenbar trotz der türkischen Besetzung ihre territoriale Integrität bewahren konnte.

Das Ganze erinnert ein wenig an die Deutschlandkarten aus der Zeit vor den Ost-Verträgen, auf denen Ostpreußen, Pommern und Schlesien noch deutsche Provinzen waren, die »derzeit unter polnischer« beziehungsweise »russischer Verwaltung« standen.

Lustig, nicht wahr? David Copperfield kann einen Waggon des Orientexpress wegzaubern, die EU eine Grenze, die von einer UN-Truppe, der United Nations Peacekeeping Force in Cyprus, UNFICYP, bewacht wird. Die EU weiß um die Teilung Zyperns, nimmt sie aber offiziell nicht zur Kenntnis. So wie sie um die Lage Zyperns als Finanzstandort wusste, sie aber nicht zur Kenntnis nahm, bis die Finanzminister der Euro-Zone eines Tages zusammenkamen und beschlossen, der Sache ein Ende zu machen. Worauf alle Sicherungen durchbrannten.

Zu Beginn der Tagesschau vom 16. März 2013 gab Marc Bator das Ergebnis einer Rettungsaktion bekannt: »Nach monatelangen Verhandlungen« seien »Finanzhilfen für Zypern beschlossen worden«. Konkret: »Die Finanzminister der Euro-Staaten, die Europäische Zentralbank und der Internationale Währungsfond einigten sich auf Kredite in Höhe von zehn Milliarden Euro. Dafür muss die Regierung Banken strenger regulieren und Steuern für Unternehmen erhöhen. Zum ersten Mal müssen auch die Anleger einen Beitrag leisten. Auf alle Guthaben bei zyprischen Banken wird eine Sondersteuer erhoben.«

Das hörte sich recht harmlos an. Niemand kann etwas gegen Finanzhilfen und Kredite haben, vor allem wenn sie mit Auflagen verbunden sind, die Banken »strenger« zu regulieren und die Unternehmenssteuer zu erhöhen. Das ist nur gerecht. Und die »Sondersteuer« auf alle Guthaben bei zyprischen Banken klang mehr nach einem »Soli« als nach einem Bankraub.

In dem Beitrag kam auch Finanzminister Schäuble zu Wort, der sich überzeugt zeigte, die getroffenen Maßnahmen würden das Vertrauen in den Euro »dauerhaft stärken«. Der Bericht endete mit einem Statement der Kanzlerin, die gerade bei der Landesvertreterversammlung der CDU in Grimmen, Mecklenburg-Vorpommern, aufgetreten war. Sie sei mit dem Beschluss der Euro-Finanzminister sehr zufrieden, sagte sie, denn: »Damit werden aber die Verantwortlichen zum Teil mit einbezogen und nicht nur die Steuerzahler anderer Länder. Und ich finde, das ist richtig, dass man diesen Schritt gegangen ist. Und ich finde, es ist ein guter Schritt, der uns eine Zustimmung zu einer Hilfe für Zypern sicherlich leichter macht.«

Nur zwei Stunden später, im »Heute journal mit Marietta Slomka«, hörte sich die Geschichte schon etwas anders an:

»Seit Tagen muss das wohl hinter den Kulissen vorbereitet worden sein und auch die Terminabstimmung war wohl gut geplant. Zum Wochenende hin, und in Zypern ist dieser Montag auch noch ein Feiertag. Auf Anweisung aus Europa haben die zyprischen Banken die Einlagen ihrer Kunden eingefroren. Nicht gänzlich natürlich; aber jedem Sparer wird ein gewisser Teil weggenommen, auch den ausländischen Anlegern. Wobei man aber vermuten darf, dass der eine oder andere russische Oligarch den Braten gerochen und seine Schäflein bereits in einem anderen Steuerparadies ins Trockne gebracht hat. Die normalen zyprischen Bankkunden allerdings traf heute Morgen schier der Schlag.«

Es war, hieß es in dem Beitrag, »ein Zeitplan mit Kalkül«, eine Behauptung, die von Wolfgang Schäuble mit einem leicht diabolischen Grinsen bestätigt wurde: »Bankeinlagen (sind) immer sensibel, da muss man schnell handeln. Deswegen macht man es meistens auch am Wochenende.«

Freilich, die Kiste war zu groß und zu schwer, als dass sie »par ordre du mufti« über Bord geschafft werden konnte. Zehn Tage später waren die Banken auf Zypern noch immer geschlossen, während die Zeitungen von einem Land im Ausnahmezustand berichteten. Aber auch Wolfgang Schäuble kam nicht zur Ruhe, denn er musste von einem Interview zum nächsten eilen. Am 25. März war er wieder Gast im »Heute journal mit Marietta Slomka«. Zypern, sagte der Minister, habe »Geld aus vielen Ländern zu günstigen Konditionen angezogen« und »das Geld ausgeliehen«. Wie das auf Finanzplätzen üblich sei. Nun müsse das Land die Konsequenzen tragen:

Schäuble: »Wenn man Geld ausleiht, trägt man Risiken, die haben sich dann verwirklicht, jedenfalls war das Geschäftsmodell der zyprischen Banken nicht mehr erfolgreich, jetzt brauchen sie Hilfe, die bekommen sie, aber es ist klar, die Gläubiger, die Eigentümer dieser Banken, müssen diese Lasten schon selbst tragen, Chance und Risiko gehören zusammen... So ist es in Finanzgeschäften, wer große Verdienste macht..., trägt dann auch das Risiko.«

Slomka: »Wie gefährlich ist das, wenn alle Wirtschaft zu 50 Prozent Psychologie ist und bei Bankgeschäften wahrscheinlich noch mehr?«

Schäuble: »Das hat man immer schon gewusst, höhere Zinsen haben was mit Risiken zu tun. Wenn man sichere Anlagen will, die gibt's... Wenn man höhere Zinsen will, dann geht man auch gewisse Risiken ein, und wenn die Risiken zu groß sind, dann geht es eben schief, deswegen ist es besser, man ist ein bisschen vorsichtig und auf der sicheren Seite. Im Übrigen sind Einlagen gesichert, alle Mitgliedsstaaten der Europäischen Union sind verpflichtet, im Insolvenzfalle 100 000 (Euro)-Einlagen zu sichern, das geschieht auch in Zypern...«

Slomka: »... zwischendurch sah es in Zypern aber anders aus, als wenn auch die unter 100 000 Euro nicht mehr sicher sind ...«

Schäuble: »Nein, es gab die Überlegung, weil Zypern lange, auch die Europäische Kommission eine solche Lösung der Gläubigerbeteiligung, die man ›Bail in‹ nennt, nicht wollte, abgelehnt hat, das war immer die Position von Deutschland, auch des Internationalen Währungsfonds, die man jetzt vereinbart hat, die war immer die bessere nach unserer Überzeugung, dann hat man gesagt, wir könnten ja auf alle eine Abgabe erheben, das ist nicht gegen die europäische Einlagensicherungsrichtlinie, das haben wir ausdrücklich auch geklärt bekommen durch die Europäische Kommission, das war nicht unser Vorschlag, er ist auch vom Tisch, die Einlagen sind gesichert, aber auch die Sicherung setzt voraus, dass die Staaten zahlungsfähig sind, Deutschland ist zahlungsfähig, und deswegen brauchen sich die Menschen in Deutschland auch keine Sorgen zu machen.«

Mal ehrlich, würden Sie sich von einem Bankangestellten, der keine drei Sätze zusammenhängend sagen kann, einen Bausparvertrag aufschwatzen lassen? Würden Sie nicht. Aber Sie nehmen es hin, dass der Bundesfinanzminister vor Ihren Augen seine totale Inkompetenz entfaltet und Ihnen einen alten kranken Esel als einen fitten jungen Mustang zu verkaufen versucht. Herzlichen Glückwunsch! Wenn Sie allerdings genau zugehört haben, was zugegeben nicht einfach war, dann haben Sie auch mitbekommen, dass die Einlagen bis zu 100 000 Euro nur so lange sicher sind, wie der Staat zahlungsfähig ist. Das Einzige, das Schäuble zu erwähnen vergaß, war: Sollte der Staat wider Erwarten eines

Tages doch zahlungsunfähig werden, würde er, Wolfgang Schäuble, mit seinem ganzen Vermögen haften.

Würde Schäuble – und alle anderen Politiker, die immer mehr oder weniger das Gleiche sagen – wirklich meinen, wer höhere Zinsen haben möchte und damit ein höheres Risiko eingeht, der dürfe nicht nur die Gewinne und Boni einstreichen, wenn es gut geht, sondern der müsse auch die Verantwortung und Verluste tragen, wenn es schief geht, dann hätte man keine Commerzbank und keine der deutschen Landesbanken, keine Hypo Real Estate, keine griechische und keine spanische Bank retten dürfen, kein Griechenland und kein Zypern. Gabor Steingart hat in seinem Buch »Unser Wohlstand und seine Feinde« diese von ihm »Bastardökonomie« genannte Verschwörung treffend analysiert: Um alle ihre »großen Träume« vom sozialen und einheitlichen Europa und andere »politische Projekte« zu finanzieren, haben die Politiker permanent Wohlstand auf den Finanzmärkten dazugekauft, denn selbst generiertes Wachstum war nicht mehr zur Genüge vorhanden. Seit Jahrzehnten haben die Politiker aller Couleur Kredit auf Kredit getürmt, und dafür haben sie den Banken Privilegien eingeräumt – man nennt das »Liberalisierung der Finanzmärkte« –, damit diese ihr Casino betreiben können. Die Politiker haben, um sich weiter mit der Wunderdroge Geld versorgen zu können, Verträge gebrochen (Maastricht), sie schauen zu, wie die EZB Verträge bricht, sie haben die so genannte »Finanzwirtschaft« von Dienstleistern zum »Master of the universe« promotet. Und wenn sie sagen, dass sie Griechenland »helfen«, dann helfen sie nicht dem Staat oder gar den Menschen in Griechenland. Das Geld kommt nie in Griechenland an, es wird auch nicht in den griechischen Wirtschaftskreislauf eingespeist, es dient allein der Rettung von Bankinteressen, die unter dem Schlagwort »too big to fail« als »systemrelevant« unter Artenschutz gestellt werden. Von wegen: Risiko und Verantwortung gibt es nur im Doppelpack.

Auch die Kanzlerin war mit der Zypernrettung rundum zufrieden. Am Rande einer Veranstaltung in Langenfeld, Mittelfranken, gab sie zu Protokoll, es sei gelungen, »hier eine gerechte Verteilung der Lasten zu bekommen«. Und sie wiederholte, was sie zehn Tage zuvor in Grimmen, Mecklenburg-Vorpommern, gesagt hatte, obwohl inzwischen eine andere Regelung gefunden wurde:

»Auf der einen Seite müssen die Banken die Verantwortung für sich selbst übernehmen, das ist das, was wir immer gesagt haben, wir wollen nicht, dass die Steuerzahler Banken retten müssen, sondern dass Banken sich selber retten, das wird im Falle Zyperns der Fall sein...«

Sie haben sich nicht verhört. Die Kanzlerin sagte, sie habe schon immer gesagt, dass nicht die Steuerzahler, sondern die Banken sich selber retten müssen, wie das unter anderem bei der im Jahre 2008 kollabierten Hypo Real Estate der Fall war, deren »Rettung« den Steuerzahler über 19 Milliarden Euro gekostet hat, was die Bundesanstalt für Finanzmarktstabilisierung am 13. März 2013 bekannt gab, also nur ein paar Tage, bevor die Kanzlerin erklärte, sie sei schon immer dagegen gewesen, dass die Steuerzahler die Banken retten. Hören wir, was die Kanzlerin sonst noch von Langenfeld in Mittelfranken den Zyprern in Aussicht stellte:

»Und auf der anderen Seite kann das Land mit der Solidarität der europäischen Länder rechnen, mit Solidarität dahingehend, dass wir den schwierigen Weg in Form von Garantien in den nächsten Jahren unterstützen. Aber natürlich gehören dazu auch Eigenleistungen wie Privatisierung, wie Strukturreform, wie die Erhöhung von Steuersätzen, die in Zypern bis jetzt sehr, sehr niedrig waren... Deshalb glaube ich, das gefundene Ergebnis ist richtig, und es nimmt auch diejenigen, die diese Fehlentwicklung mit verursacht haben, in Verantwortung. Und so muss es auch sein.« In alle Ewigkeit. Amen.

5. Wir leben in einer sehr glücklichen Zeit

Ich glaube nicht an Verschwörungen. Ich halte auch nichts von Verschwörungstheorien. Auch die Art, wie die Energiesparlampe durchgedrückt wurde, war nicht konspirativ. Es war ein Machtspiel, bei dem die eine Seite, in diesem Fall die EU-Bürokratie, der anderen Seite, der Industrie und ihrer Lobby, nicht gewachsen war. Allenfalls kann noch ein wenig Korruption oder Vorteilsnahme im Spiel gewesen sein, aber das wäre bei weitem nicht so schlimm wie fachliche Inkompetenz und organisatorische Schlamperei.

Das Spiel wiederholt sich bei der Energiewende, von der niemand sagen kann, wie viel sie am Ende kosten wird. Umweltminister Altmaier sagt, es könnte eine Billion (eintausend Milliarden) Euro werden, aber auch das ist nur eine Schätzung. Fest steht nur: Dieselben Leute, die nicht in der Lage sind, einen Bahnhof, einen Flughafen oder eine Konzerthalle zu bauen, ohne den Zeitrahmen und das Budget maßlos zu überdehnen, machen sich auf, das Klima zu retten, Europa umzubauen und die Artenvielfalt zu erhalten, den Juchtenkäfer und die Eisbären inbegriffen. Es ist, als würde man Bastlern, die es nicht einmal schaffen, eine Märklin-Anlage unfallfrei zu betreiben, die Leitung der Deutschen Bahn und des Flughafens Frankfurt anvertrauen.

Gerät ein Projekt wie Stuttgart 21 oder der Berliner Flughafen ins Straucheln, wird erst einmal bestritten, dass es überhaupt ein Problem gäbe, im Gegenteil, es laufe alles nach Plan. Dann wird entweder der Vorstand ausgewechselt oder eine Kommission eingesetzt, die den finanziellen Mehrbedarf ermitteln soll. Schließlich wird der letzte Joker aus dem Ärmel gezogen: Der »Point of no return« sei überschritten, ein Abbruch des Unternehmens würde noch mehr kosten als seine Fortsetzung. Also spreche alles fürs Weitermachen.

In dieser Phase befindet sich der Euro elf Jahre nach seiner Einführung. Da lohnt es sich, einen kurzen Blick zurück zu werfen. Im Sommer 1999 fanden in Deutschland die Wahlen zum Europaparlament statt. Anfang des Jahres war der Euro als Buchgeld eingeführt worden, also als Verrechnungseinheit für den grenzüberschreitenden Handel. Das Wahlprogramm der CDU hieß: »Fit für Europa. Stark für die Zukunft.« Skeptiker, die es damals schon gab und die wissen wollten, »was uns der Euro kosten« würde und ob »Deutschland für die Schulden anderer Länder aufkommen« müsste, wurden mit diesen Sätzen ruhiggestellt:

»Ein ganz klares Nein! Der Maastrichter Vertrag verbietet ausdrücklich, dass die Europäische Union oder die anderen EU-Partner für die Schulden eines Mitgliedsstaates haften. Mit den Stabilitätskriterien des Vertrags und dem Stabilitätspakt wird von vorneherein sichergestellt, dass die Nettoverschuldung auf unter drei Prozent des Bruttoinlandsprodukts begrenzt wird. Die Euro-Teilnehmerstaaten werden daher auf Dauer ohne Probleme ihren Schuldendienst leisten können. Eine Überschuldung eines Euro-Teilnehmerstaats kann daher von vornherein ausgeschlossen werden.«

Man muss es den Verfassern dieser Wahlkampfprosa zugutehalten, dass sie von der Richtigkeit ihrer Vorhersagen überzeugt waren. So wie die Konstrukteure der »Titanic« überzeugt waren, dass sie ein Schiff gebaut hatten, das in der Lage war, allen Gefahren zu trotzen. Geht etwas schief, ist nur selten böser Wille am Werk, es ist der Wunsch als Vater des Gedankens, der sich über die Wirklichkeit hinwegsetzt. Hinzu kommt ein Zweckoptimismus, ohne den man in der Tat keine Politik betreiben könnte. Als Zypern 2007 in die Euro-Zone aufgenommen wurde, war in Berlin eine Große Koalition im Amt, mit Angela Merkel als Kanzlerin und dem großen Finanzexperten der SPD, Peer Steinbrück, als Finanzminister. Die wirtschaftliche Struktur Zyperns war bekannt. Jedermann wusste: Das Land diente als eine Steueroase, dort wurde vor allem Geld gewaschen, das russische Oligarchen mit dubiosen Geschäften »erarbeitet« hatten. Für die Aufnahme Zyperns waren aber weniger ökonomische als politische und strategische Überlegungen entscheidend. An der Schnittstelle von Europa, Afrika und Asien gelegen, ist eine Insel viel wertvoller als der größte und modernste Flugzeugträger.

Noch im Jahre 2010 bestanden die beiden größten zyprischen Banken, die im März 2013 abgewickelt beziehungsweise umstrukturiert werden mussten, einen »Stresstest«, der ihnen von der EZB verordnet worden war. Sie schütteten großzügig Dividende aus und kauften griechische Staatsanleihen in Mengen auf. Und niemandem fiel etwas auf. Drei Jahre später war das Spiel vorbei. Rien ne va plus!

Heute sagt Finanzminister Schäuble, die »Rettungsaktion« für Zypern sei kein Vorbild für andere kriselnde Euro-

Länder. »Zypern ist und bleibt ein spezieller Einzelfall«, da die Banken nicht mehr zahlungsfähig waren und der Staat nicht das Geld hatte, um die Einlagen zu sichern, habe man entschieden, »Eigentümer und Gläubiger an den Kosten zu beteiligen, also diejenigen, die die Krise mit verursacht haben«.

An dieser Stelle hätten Schäubles Gesprächspartner stutzen und eine Zwischenfrage stellen müssen: »Wieso haben die Eigentümer und Gläubiger die Krise mit verursacht und nicht die Finanzminister der EU, die EZB und andere Experten, die keine Einwände gegen die Aufnahme Zyperns in die EU und in die Euro-Zone erhoben und bis eine Minute vor zwölf nichts bemerkt hatten? Müsste man nicht diese Verantwortlichen in die Haftung nehmen?«

Schäubles Gesprächspartner hätten zudem darauf hinweisen können, dass auch Irland, Portugal, Griechenland und Spanien »spezielle Einzelfälle« waren und dass Slowenien, Frankreich und Italien kurz davor stehen, in die Liste der speziellen Einzelfälle aufgenommen zu werden, möglicherweise auch Malta und Luxemburg, deren Bankensektoren ebenso überdimensioniert sind, wie dies in Zypern der Fall war.

Aber solche Fragen zu stellen, wäre gegenüber einer finanzpolitischen Kapazität wie Schäuble unbotmäßig gewesen. Außerdem war das, was Schäuble zu sagen hatte, dermaßen faszinierend, dass es tatsächlich besser war, ihn ausreden zu lassen.

Mit den getroffenen Maßnahmen seien »die Glaubwürdigkeit bei den Steuerzahlern in den Euro-Staaten und damit auch das Vertrauen in den Euro« gestärkt worden. Der

Euro habe sich »auch in der Krise bewährt«, bis jetzt »ist alles viel besser gelaufen, als die vielen Experten vorhergesagt haben«. Und: »Ich sage: Wir werden in den Geschichtsbüchern lesen, dass diese Krise Europa noch stärker zusammengebracht hat. Wenn man betrachtet, wie es zu meiner Jugendzeit in Deutschland und Europa aussah, muss man doch sagen: Wir leben in einer sehr glücklichen Zeit.«

Atemberaubend, nicht wahr? Wie der Witz von dem Mann, der aus dem 50. Stock in die Tiefe springt und in Höhe des 30. Stockwerks denkt: »Bis jetzt ist ja noch alles gut gegangen!« Und wenn man bedenkt, wie es zur Zeit der großen Pest Mitte des 14. Jahrhunderts in Europa aussah, wie während des 30-jährigen Krieges die Lebensbedingungen waren und was im Laufe der Französischen Revolution in Paris los war, dann muss man Schäuble recht geben: Uns geht's ja noch gold!

Während Schäuble einen Satz von Nietzsche paraphrasierte – »Was mich nicht umbringt, macht mich stärker« –, war jeder vierte Jugendliche in Spanien und Italien nicht nur arbeitslos, sondern auch ohne jede Aussicht auf eine Änderung seiner Situation, mussten Patienten in griechischen Krankenhäusern von ihren Verwandten versorgt werden, weil den Hospitälern das Geld für Lebensmittel und Medikamente ausgegangen war.

Selber schuld, könnte man sagen, warum haben die auch so schlecht gewirtschaftet? Die Antwort ist ganz einfach: Weil sie gar nicht anders konnten. Die Idee des schwedischen »Volksheims«, in dem alle für alle haften, die Einkommen und Steuererklärungen der Bürger im Internet eingesehen werden können, lässt sich nicht auf Portugal und Spanien übertragen. Die Vorstellung, Steuern zahlen zu müssen, war in Griechenland schon immer so beliebt wie in Dänemark das Alphornblasen. Der zivile Ungehorsam, den die Franzosen gegenüber ihren Autoritäten pflegen, ist von einer ganz anderen Art als die antiautoritäre Erziehung in Deutschland, deren Opfer heute gegen den Leistungsdruck rebellieren, der zwischen ihnen und der Verbeamtung unüberwindbare Hürden aufbaut. Man kann die mentalen Unterschiede nicht leugnen, sie prägen nicht nur die gesellschaftliche, sondern auch die ökonomische Kultur eines Landes.

Solange die Finnen und die Italiener, die Deutschen und die Spanier, die Portugiesen und die Griechen, die Belgier und die Österreicher auf eigene Rechnung und eigenes Risiko wirtschaften durften, konnten sie auf Veränderungen flexibel reagieren. Ihre Währungen auf- und abwerten, die Importe drosseln, die Exporte fördern oder auch umgekehrt. Das hatte Vor- und Nachteile, aber es zwang jede Nation, in eigener Verantwortung zu handeln. Es gab keine Möglichkeit, das eigene Versagen auf andere abzuwälzen.

Mit der EU und dem Euro setzte sich, allen Sonderregelungen zum Trotz, dann das Prinzip »One size fits all« durch. Stellen Sie sich vor, man würde Arnold Schwarzenegger und Danny DeVito zwingen, ihre Anzüge nicht nur im selben Laden zu kaufen, sondern auch die gleichen Größen zu tragen. Das wäre eine lustige Idee für eine Filmkomödie. Wenn aber alle Unionisten die gleichen Glühbirnen verwenden sollen, dann ist das nicht komisch, sondern ein Gebot der ökologischen und ökonomischen Vernunft. Ich werde später noch darauf zurückkommen, was sich die EU-

Regenten so alles einfallen lassen, um das Leben der EU-Bürger zu standardisieren.

Die wechselseitige wirtschaftliche Abhängigkeit, die das Wohlergehen aller Teilnehmer garantieren soll, setzt ebenfalls eine relativ große Schnittmenge in Sachen Mentalität und Kultur voraus. Soll heißen: die mehr oder weniger gleiche Idee von Arbeitsmoral, Disziplin, Fleiß, Geselligkeit und Verantwortung. Nehmen wir als überschaubares Beispiel eine Wohngemeinschaft, in der vereinbart wurde, alle Einnahmen der Bewohner in einen Topf zu werfen und sie entsprechend der Marxschen Regel »jedem nach seinen Bedürfnissen« zu verteilen. Das geht so lange gut, wie derjenige, der morgens früh aufsteht und zur Arbeit geht, eines Tages feststellt, dass er diejenigen mitfinanziert, die lieber lange schlafen und nur gelegentlich arbeiten. Nicht etwa, weil sie faul sind, sondern weil sie andere Prioritäten haben, die sie aber nur deswegen ausleben können, weil einer bereit ist, mit ihnen zu teilen. (So funktioniert auch der Länderfinanzausgleich in der Bundesrepublik, wie schon erwähnt.)

Die Stimmung in der Wohngemeinschaft verschlechtert sich. Dennoch will man unbedingt an dem Prinzip der gemeinsamen Kasse festhalten. Das sei ein gutes und zuverlässiges Modell, das man nur ein wenig neu justieren müsse. Bei einer Vollversammlung stellt sich dann heraus, dass der Frühaufsteher für die schlechte Stimmung verantwortlich gemacht wird. Nicht nur, dass er meckert, er macht den anderen auch ein schlechtes Gewissen. Klar, er finanziert den Laden, aber wenn er allein leben würde, müsste er auf die lustigen Abende verzichten, an denen gesungen, getanzt und gemeinsam gekocht wird. Das sei doch auch was wert, oder?

Sie sehen, worauf ich hinaus will. Die EU ist eine WG. Und Deutschland ist der fleißige Frühaufsteher, oder wie es im EU-Jargon heißt: der größte Nettozahler. Deswegen ist Deutschland auch der größte Buhmann Europas, worüber sich die Deutschen ganz schrecklich wundern, als hätten sie noch nie das britische Sprichwort gehört: »No good deed goes unpunished« – keine gute Tat bleibt ungestraft. Klassenbeste und Streber sind eben unbeliebt, man schreibt bei ihnen gerne ab, verachtet sie aber zugleich. Was haben die Deutschen denn erwartet? Dankbarkeit? Jeden Morgen ein Glas Spumante ans Bett? Abends ein Gläschen Retsina zum Einschlafen? Und mittags eine Bouillabaisse für alle?

Die Deutschen wehren sich gegen eine Führungsrolle, die sie längst eingenommen haben. Nicht aufgrund einer Verschwörung, wie viele in Europa vermuten, sondern aufgrund der objektiven Umstände. Sie sind das bevölkerungsreichste Land, die größte Wirtschaftsmacht in Europa, und sie haben eine Infrastruktur, die der ihrer Konkurrenten überlegen ist. Was an ein Wunder grenzt, wenn man sich vergegenwärtigt, wie viele Deutsche aus Prinzip nicht arbeiten (Berliner), unproduktiven Tätigkeiten nachgehen (Sozialpädagogen, Integrationsberater, Frauenbeauftragte) oder die Zeit bis zur Einführung des bedingungslosen Grundeinkommens mit Klagen über die zunehmende soziale Kälte überbrücken. Zwischendurch erschrecken die Deutschen über sich selbst und beschließen, etwas gegen ihr angeschlagenes Image zu tun. Das ist der Moment, da Angela Merkel Otto Rehhagel nach Griechenland schickt, der im Jahre 2004 als Trainer der griechischen Nationalmannschaft den Europameistertitel nach Griechenland geholt hatte und seitdem von den Griechen verehrt wird. Um »die enge Verbundenheit von Deutschen und Griechen deutlich zu machen«, verteilte »Rehakles« alias »König Otto« Trikots an junge Griechen und nahm an der Eröffnung einer Berufsschule teil. Derweil die Kanzlerin zeitgleich und daheim sich um die wirklich wichtigen Dinge kümmerte und auf Einladung des »Bundesverbandes freier Immobilien- und Wohnungsunternehmen« ein Modellprojekt im Bad Kreuznach besuchte: »Wohnen für (Mehr)Generationen – Gemeinschaft stärken, Quartiere beleben«.

Das habe ich mir nicht ausgedacht, es sind Pointen, die das Leben schreibt. Sie offenbaren die schiere Ratlosigkeit des politischen Personals, dem wir jeden Abend in der Tagesschau begegnen, wenn sie Nullsätze von sich geben, in denen es dann heißt, sie seien mit der Entwicklung sehr zufrieden und würden alles tun, um die Schäden zu reparieren, die sie angerichtet haben.

Nein, so deutlich sagen sie es natürlich nicht, das käme einem Eingeständnis der eigenen Unfähigkeit gleich, aber das ist die Botschaft zwischen den Zeilen. Gebt uns noch eine Chance! Wenn es schon verkehrt war, Zypern in die EU und die Euro-Zone aufzunehmen, dann sind wir konsequent und zwingen Zypern dazu, pardon: helfen den Zyprern, in der EU und der Euro-Zone zu bleiben. Hanns Dieter Hüsch, das schwarze Schaf vom Niederrhein, hat so ein Verhalten auf eine sehr präzise Formel gebracht: »Mach ich auf der Bühne einen Fehler, mach ich gleich einen zweiten hinterher, dann sieht es nach Methode aus.«

Und je mehr Menschen begreifen, dass ihnen ein Kartenhaus als ein »Mehr-Generationen-Projekt« verkauft wird, das »die Gemeinschaft stärken« und die »Quartiere beleben« soll, umso hysterischer werden die Bemühungen, das fragile Gebilde vor einem Einsturz zu bewahren. So war es auch in der Endphase der Sowjetunion, als allen klar wurde, dass dem Riesen die Puste ausgegangen war. Heute ist es Bundesfinanzminister Schäuble, der ohne einen Anflug von Scham sagt, die wichtigste Aufgabe sei, dafür zu sorgen, »dass wir stark genug sind, alle im Boot zu halten«.

Allein, die Metapher ist vollkommen daneben. Was Schäuble meint, ist ein Konvoi, aus dem kein Boot ausscheren soll. Wobei er übersieht, dass in einem Konvoi das langsamste Boot das Tempo bestimmt. Im Grunde ist die Sache ganz einfach. Alles, was man zum Verständnis der aktuellen Krise wissen muss, findet man in zwei Märchen. »Des Kaisers neue Kleider« von Hans Christian Andersen und »Vom Fischer und seine Frau« der Brüder Grimm. Für den letzten Rest an Klarheit sorgt eine alte jüdische Anekdote.

Ein alter Jude sitzt im Zug unterwegs von Berdytschew nach Zytomyr. Es ist ein Personenzug, der an jeder Station hält. Und wann immer der Zug an einem Bahnhof hält, bricht der alte Jude in lautes Jammern aus. »Ojwej, Ojgewalt! Was tu ich nur, was tu ich nur!« Mit jedem Stopp wird das Jammern lauter und lauter. Schließlich erbarmt sich einer der Mitreisenden und fragt den alten Juden: »Was haben Sie denn, geht es Ihnen nicht gut, kann ich etwas für Sie tun?« – »Nein«, klagt der alte Jude, »Sie können nichts für mich tun. Ich sitze im falschen Zug und mit jeder Station wird die Rückreise länger.«

6. Unterwegs im europäischen Förderdschungel

Döbeln ist eine Stadt mitten in Sachsen. 40 Kilometer westlich von Dresden, 50 Kilometer nordöstlich von Chemnitz, 60 Kilometer südöstlich von Leipzig. Die Orte rund um Döbeln heißen Hartha, Mittweida, Riesa und Grimma. Mit 21 000 Einwohnern hat die »Große Kreisstadt« eine sehr überschaubare Größe und dennoch eine erstaunliche Infrastruktur. Sie verfügt über einen sehr ansehnlichen »Hauptbahnhof«, ein Krankenhaus mit 195 Betten, eine Spielstätte des »Mittelsächsischen Theaters«, ein Kino, eine Bibliothek und eine Musikschule. Weil in Döbeln von 1892 bis 1926 eine Pferdebahn vom Hauptbahnhof in die Innenstadt verkehrte, wurde hier 2009 das »Deutsche Pferdebahnmuseum« eröffnet.

Die andere große Attraktion der Stadt ist ein 4,60 Meter großer Stiefel, der 1925 zur 600-Jahr-Feier der Schuhmacher-Innung angefertigt wurde. Er kann im Rathaus besichtigt werden. Einmal im Jahr feiern die Bürger von Döbeln ein »Stiefelfest« – mit einer Stiefelparade und der Wahl einer Stiefelkönigin. Eine ganz normale deutsche Kleinstadt also, aus der einige »Söhne und Töchter« stammen, die über die Gemeindegrenzen hinaus bekannt geworden sind: Der Expressionist Erich Heckel, der Hippologe Egon von Neindorff, der Schriftsteller Rainer Kirsch und die Leichtathletin Sabine John, 1984 Weltrekordlerin im Siebenkampf.

Döbeln hat auch eine Sportanlage, »Am Bürgergarten«, die dringend saniert werden musste. Dafür hat der Bürgermeister mit Zustimmung des Stadtrates Fördermittel aus dem Bundes- und Landesprogramm »Stadtumbau Ost« und dem EFRE-Programm der EU beantragt, so dass von den Gesamtkosten – etwa 200 000 Euro – die Stadt gerade mal 10 Prozent selbst tragen musste. EFRE steht für »Europäischer Fonds für regionale Entwicklung«, er wurde ins Leben gerufen, »um die Unterschiede im Entwicklungsstand der Regionen und den Rückstand der am stärksten benachteiligten Gebiete oder Inseln, einschließlich der ländlichen Gebiete, zu verringern«. Damit trägt der Fonds »zur harmonischen, ausgewogenen und nachhaltigen Entwicklung des Wirtschaftslebens, zu einem hohen Grad an Wettbewerbsfähigkeit, zu einem hohen Beschäftigungsniveau, zu einem hohen Maß an Umweltschutz und zur Gleichstellung von Männern und Frauen« bei. Keine Frage, zu diesen Aufgaben und Zielen gehört auch die Finanzierung der Sanierung einer Sportanlage in einer sächsischen Kleinstadt. Das ist ohne Zweifel gut für Döbeln und die Sportvereine der Stadt, es ist aber auch gut für die »nachhaltige Entwicklung des Wirtschaftslebens; ein Beitrag zur Wettbewerbsfähigkeit, Beschäftigungsniveau, Umweltschutz und Gleichstellung von Männern und Frauen«.

Vorausgesetzt, der Antrag auf Unterstützung der Sanierung der Sportanlage »Am Bürgergarten« wird so formuliert, dass er die geforderten Kriterien erfüllt. Damit aber sind die meisten – wenn nicht alle – Antragsteller überfordert. Und an dieser Stelle kommen Experten ins Spiel, die Kommunen, Firmen und anderen Gewerbetreibenden ihre

Dienste anbieten. Zum Beispiel die »Krüger Unternehmensberatung« in Markranstädt bei Leipzig. Eine Gruppe junger dynamischer Berater, die mit einer »Erfolgsgarantie!« werben: »Wir garantieren mindestens fünf nicht rückzahlbare Zuschussprogramme der EU, der BRD und des Landes Sachsen.«

Wofür? Sie haben die Wahl. Es kommen alle Projekte in Frage, die »zur harmonischen, ausgewogenen und nachhaltigen Entwicklung des Wirtschaftslebens, zu einem hohen Grad an Wettbewerbsfähigkeit, zu einem hohen Beschäftigungsniveau, zu einem hohen Maß an Umweltschutz und zur Gleichstellung von Männern und Frauen« beitragen. Das kann ein privates Aerobic-Studio oder ein kommunaler Fahrradverleih sein, eine Reifen-Recycling-Anlage oder eine Hip-Hop-Schule für schwer erziehbare Jugendliche. Es kommt nur darauf an, wie der Antrag auf Förderung formuliert wird. Das erledigt für Sie die »Krüger Unternehmensberatung«: »Oft besteht die Herausforderung nicht nur darin, die richtigen Programme zu finden, sondern vor allem die notwendigen Anträge form- und fristgerecht zu stellen. Dabei sind die Möglichkeiten oftmals genauso groß wie die bürokratischen Stolpersteine. Wir sind Ihnen gern behilflich.« (http://www.foerdermittel-coaching.de/unternehmensberatung-fuer-foerdermittel-existenzgruendung-und-franchising.html)

Aber das ist noch nicht alles. Die Berliner Firma »emcra« (»Wir können Europa, wir können Fördermittel – seit 2002!«) bietet Geschäftsführern, Projektleitern und Mitarbeitern von Vereinen, Stiftungen, NGOs und Unternehmen »Weiterbildungen und Seminare rund um das Thema europäische und nationale Fördermittel« an; dazu gehört auch eine »Qualifizierung zum EU-Fundraiser«, bei der »praxisnah das notwendige Know-how zur Beschaffung und Abrechnung von EU-Fördermitteln« vermittelt wird: »In der Qualifizierung zum EU-Fundraiser lernen Sie die aktuelle EU-Förderlandschaft kennen, EU-Anträge erfolgreich zu stellen und Ihr Wissen gezielt und effektiv in Ihrem Arbeitsbereich anzuwenden. Erfolgreiche EU-Antragstellung ist erlernbar!« Von den »ersten Schritten im europäischen Förderdschungel« bis zur »Nachhaltigkeit von EU-Projekten«. (http://www.emcra.eu/akademie/qualifizierung-zum-eu-fundraiser/)

Das heißt: So wie ein Förster während seines Studiums der Forstwissenschaft lernt, Eichen von Buchen und Eschen von Fichten zu unterscheiden, lernt ein EU-Fundraiser, Wege durch den EU-Förderdschungel zu finden. Nach Konkursverwalter und Eventmanager ist der EU-Fundraiser schon der dritte Beruf mit rosigen Zukunftsaussichten. Weniger romantisch ausgedrückt: Auch das professionelle Schnorren kann erlernt werden. Wobei die »Qualifizierung zum EU-Fundraiser« »komplett gefördert« wird! Zum Beispiel »durch einen Bildungsgutschein, das Bundesprogramm WeGebAU und durch Förderprogramme der Bundesländer«. Jetzt wollen Sie bestimmt wissen, was WeGebAU bedeutet. Ich habe es nachgesehen: »Weiterbildung Geringqualifizierter und beschäftigter älterer Arbeitnehmer in Unternehmen.« So wie Abgeordnete und Minister nach Brüssel abgeschoben werden, so werden Geringqualifizierte und ältere Arbeitnehmer zu EU-Fundraisern umgeschult. Die »Qualifizierung« kostet »im Gesamtpaket« nur 5450 Euro.

Der günstige Preis kommt daher, »da die Weiterbildung vom Berliner Senat von der Mehrwertsteuer befreit worden ist«. Sonst würde sie einen Tausender mehr kosten. Was aber auch nicht weiter schlimm wäre, weil – wie schon gesagt – »die Teilnahmegebühr durch verschiedene Förderprogramme komplett finanziert werden« kann.

Halleluja! Dagegen war die Speisung der Fünftausend durch Jesus eine Seminararbeit für Anfänger. Die Wunder, die von der EU bewirkt werden, sind viel eindrucksvoller. Heute würden sich die Jünger Jesu, statt Evangelien zu schreiben, zu EU-Fundraisern ausbilden lassen.

Denn Europa ist nicht nur ein Binnenmarkt mit 500 Millionen Konsumenten, eine wuchernde Bürokratie, ein Geldeinnahme- und -verteilungsapparat, eine moderne Frankenstein-Geschichte, Europa ist auch ein »Lebensgefühl«, bezeugt Monika Bittner in einem »Testimonial« der Kampagne »Ich will Europa«, einer »Initiative Engagierter Europäer«, die von elf deutschen Stiftungen, darunter denen von Allianz, BMW, Bosch und VW, ins Leben gerufen wurde, um »die europäische Integration zu vertiefen«. Was macht dieses »Lebensgefühl« aus? »Ich kann mit Spaniern in Berlin wohnen, mit Franzosen in Kopenhagen studieren, polnisches Bier trinken und britische Magazine lesen.«

Ich weiß nicht, ob es Monika Bittner wirklich gibt oder ob irgendeine junge Frau von den Streetworkern der »Engagierten Europäer« aufgegriffen wurde, um für ein Taschengeld so zu tun, als wäre sie Monika Bittner. Jedenfalls würde ich sie gerne fragen, ob für das Vergnügen, mit Spaniern in Berlin wohnen, mit Franzosen in Kopenhagen studieren, polnisches Bier trinken und britische Magazine lesen zu können, ein Apparat unterhalten werden muss, der sich wie eine Riesenkrake an allem festsaugt, das in seine Nähe kommt. Ob das alles nicht auch mit weniger Aufwand machbar wäre und mit weniger desaströsen Folgen für diejenigen, die in Neapel arbeitslos sind, in Thessaloniki ihre Miete nicht bezahlen können und in Porto auf ein Jobangebot aus Luanda warten.

Die »Testimonials« der »engagierten Europäer« artikulieren ein Lebensgefühl, das so dünn ist wie Zigarettenpapier und so hohl wie eine leere Red-Bull-Dose. Der Volksmusiker Florian Silbereisen zum Beispiel glaubt fest an Europa. »Gerade jetzt. Denn das Ziel ist das Richtige. Wir müssen nur schauen, wie wir's richtig anstellen, es zu erreichen.« Die TV-Moderatorin Katrin Bauerfeind kommt gerade von einem »Spontanausflug« nach Amsterdam zurück, wo sie »ein paar sehr gute Abende gehabt« hat; jetzt will sie weiter nach Paris. »Einfach so, weil ich's kann.« Ein Mann namens Klaus will Europa, »weil wir alle im selben Boot sitzen, nur hat das mancher noch nicht bemerkt!« Ralf will Europa, »damit endlich zusammenwächst, was zusammengehört«. Michael will Europa, denn »Europa bedeutet, gespannt aufeinander zu sein«.

Angesichts solcher Bekenntnisse ist man geradezu dankbar, wenn Hans Joachim Schellnhuber, Direktor des Potsdam-Instituts für Klimaforschung und wissenschaftlicher Chefberater der Bundesregierung in Fragen des Klimawandels und der internationalen Klimapolitik, seine Entscheidung für Europa mit einem Projekt begründet, das er zu seiner Mission erklärt hat: »Europa verringert den Ausstoß von CO_2 so entschieden wie sonst kein Kontinent auf der Welt.«

Die aufwendige Kampagne »Ich will Europa« wurde von ihren Initiatoren Ende Februar 2013 für beendet erklärt. Mit Fanfarenklängen, wie sie östlich der Elbe bis 1989 üblich waren, wenn eine Rekordernte vorzeitig eingebracht worden war. »Mehr als 850 Personen« hätten ihr »persönliches Bekenntnis zu Europa« abgegeben. Auch auf Facebook habe es »lebhafte Diskussionen« gegeben, rund 7000 Kommentare seien gepostet worden. Das Einzige, was die Organisatoren nicht preisgaben, war der Betrag, den das sinnlose Projekt gekostet hatte.

Als einen Monat später die Zypern-Krise ausbrach, gaben Tausende von Zyprioten ein Zwangsbekenntnis zu Europa ab, indem sie sich in lange Schlangen vor den Bankomaten einreihten. Die »Engagierten Europäer« schauten dem Spektakel aus sicherer Entfernung zu, wobei sie über das hysterische Verhalten der Zyprer staunten, die sich allein um ihre Einlagen Sorgen machten, statt zu begreifen, dass »wir alle im selben Boot sitzen«.

Solche Kampagnen wie die der »Engagierten Europäer« werden von Agenturen durchgeführt, die sich auf Image-Werbung spezialisiert haben. Sie promoten nicht Produkte, die Sie bei Edeka und Rewe im Regal finden, sondern gute Laune. Und natürlich machen sie es nicht für ein »Vergelt's Gott!«. Vermutlich gibt es im Förderdschungel der EU auch dafür eine Quelle, aus der die Goldtaler sprudeln. Man muss sie nur finden, notfalls mit Hilfe qualifizierter EU-Fundraiser.

Davon abgesehen handelt es sich um ein altes Modell. Kampagnen dieser Art gab es auch im real existierenden Sozialismus, wenn beispielsweise junge Pioniere anlässlich eines Weltjugendtreffens in Sofia, Warschau oder Ost-Berlin Zeugnis von den Vorzügen des Sozialismus ablegten, der ihnen all das garantierte, was das Leben lebenswert machte: Arbeit, Freundschaft, Geborgenheit, Sicherheit und einen Trabant Kombi de luxe. Also alles bis auf die Möglichkeit, das Leben außerhalb der Grenzen des sozialistischen Paradieses kennenzulernen. Darin liegt der wesentliche Unterschied zur EU, die niemanden daran hindert, nach Neuseeland oder Russland auszuwandern, wie Gérard Depardieu, der sich noch vor der angekündigten Einführung der Reichensteuer in Frankreich aus dem Staub machte. Aber die Grundidee, wie sie damals getrommelt wurde und wie sie heute geflötet wird, ist die gleiche: Der Sozialismus ist das Beste, das unserer Generation passieren konnte. Und wir müssen alles tun, damit das Projekt blüht und gedeiht. Europa ist das Beste, das unserer Generation passieren konnte, und wir müssen alles tun, damit das Projekt blüht und gedeiht.

Ein System, das sich selbst so feiert, schwächelt bereits. Und wer da Zweifel anmeldet, ob das System es wert ist, um jeden Preis gerettet, ja vertieft und vergrößert zu werden, der übt nicht legitime Kritik, der vergeht sich an einer Idee, die so erhaben, so majestätisch ist, dass man in ihrer Gegenwart eine devote Haltung annehmen und die Stimme senken muss. Selbst dann, wenn man präventiv versichert, die Idee als solche sei ja gut, nur die Ausführung lasse einiges zu wünschen übrig. »Europakritiker« ist zu einem Schimpfwort geworden, fast schon die Steigerung von »Rechtspopulist«. Wer sich der Europa-Euphorie verweigert, ist ein Dissident und gefährdet nicht nur die Zukunft, er will auch zurück in eine Vergangenheit, die vor allem aus Blut, Schweiß und Tränen bestand.

Am 20. März, mitten in der Zypernkrise, hieß es bei Anne Will: »Sündenfall Zypern – Vertrauen weg bei Europas Sparern?« Unter den Gästen waren auch der Hamburger Wirtschaftsprofessor Bernd Lucke, Mitbegründer der »Alternative für Deutschland«, und der ehemalige bayerische Ministerpräsident und jetzige Anti-Bürokratie-Beauftragte der EU Edmund Stoiber. Die Sendung plätscherte, wie üblich, hin und her, bis Stoiber – fast am Ende – auf die Feststellung von Bernd Lucke, man hätte einige Länder nie in die EU und die Euro-Zone aufnehmen dürfen, die Contenance verlor:

»Darf ich Ihnen mal ein politisches Argument dagegenhalten? Das, was Sie jetzt sagen, hätte dazu führen müssen, in den 90er-Jahren, eben einige Länder nicht aufzunehmen. Da waren wir sozusagen einer Meinung, wenn ich das jetzt mal zurückdenke. Nun, wir haben die europäische Währungsunion seit 1999. Und wenn wir sie heute, so wie Sie das sagen, auflösen, die ökonomischen Folgen will ich gar nicht betrachten, ich möchte die politischen Konsequenzen betrachten, wenn Sie das jetzt auflösen, würden Sie in Europa einen Spaltprozess bekommen, einen politischen Spaltprozess, den sie später in keiner Weise mehr eindämmen könnten, mit all den Konsequenzen. Ich rede nicht über die ökonomischen Folgen, ich rede über die politischen Folgen, Sie werden in Europa wieder einen Gegensatz bekommen zwischen den Nationen, da ist das, was wir gegenwärtig an Demonstrationen gegen Frau Merkel haben, das ist ein laues Lüftchen. Und das ist etwas, das wir niemals akzeptieren dürfen, denn dann würden Sie letzten Endes die Politik von Adenauer, de Gasperi und Schuman in den 50er-Jahren ad absurdum führen. Wir würden im Grunde genommen dahin zurückkehren, wo wir vor dem Zweiten Weltkrieg gestanden haben... (Beifall im Publikum) Da soll man mal nachdenken, was damals an Hass, an Nationalismus und damit auch an Folgen für Millionen von Menschen entstanden sind... Und ich möchte nicht, dass durch solche unausgegorenen Vorstellungen von Ihnen letzten Endes dann dieser Prozess abgewickelt oder geschädigt wird. Die politischen Folgen haben wir alle zu tragen...«

Ich hörte fassungslos zu und überlegte, was Stoiber mit dem Satz »Wir würden im Grunde genommen dahin zurückkehren, wo wir vor dem Zweiten Weltkrieg gestanden haben...« gemeint haben könnte.

Würden die Deutschen versuchen, sich Elsass und Lothringen wieder zu holen? Dazu Böhmen und Mähren und das Hultschiner Ländchen? Würden im Gegenzug die Franzosen die Rheinlande wieder besetzen? Müssten die Russen Königsberg räumen, die Polen schon wieder ihre Kavallerie mobilisieren? Würde Europa auseinanderfallen wie ein Mürbeteigplätzchen, das von einem Straßenfest übrig geblieben ist?

Dass »Europa« den Frieden garantiert, ist das finale Argument, das die »engagierten Europäer« aus der Rumpelkammer der Geschichte holen, wenn ihnen alle anderen ausgegangen sind. Dabei sind zumindest die Anfänge dieses »Europas« nicht der Garant des Friedens, sondern das Ergebnis einer Friedensregelung, die den Europäern, allen voran den Deutschen, von den Siegermächten des Zweiten Weltkriegs aufgezwungen worden ist. Und wenn man genau hinsieht, ist dieses Europa aus dem Ruder gelaufen. Das Europa von heute ist nicht einmal in der Lage, regionale Konflikte wie in Nord-Irland oder dem Baskenland zu lösen, vom Bürgerkrieg in Jugoslawien, dem Europa lange hilf- und ratlos zusah, nicht zu reden.

Aus Angst vor Terroranschlägen schafft es Europa nicht einmal, die Hisbollah auf die Liste der Terrororganisationen zu setzen, obwohl die längst in Europa tätig ist, zuletzt in Bulgarien. Und dieses Europa soll uns davor bewahren, dahin zurückzukehren, wo wir vor dem Zweiten Weltkrieg gestanden haben?

Die »europäische Idee«, was immer das konkret sein könnte, ist dabei, von ihren »Machern« entleibt zu werden, bevor sie überhaupt ordentlich definiert worden ist. Nicht von den Europaskeptikern und Europakritikern, sondern von den »engagierten Europäern«, deren Engagement sich darin erschöpft, dümmliche Testimonials abzugeben, wie es sich anfühlt, ein Europäer zu sein. Alle anderen, also die normalen Bürger vor allem in den krisengeplagten Staaten, die ein Testimonial von einem Testament nicht unterscheiden können, haben die »europäische Integration« so lange hingenommen oder mitgemacht, wie Wohlstandsmehrung mit immer mehr Krediten auf Pump finanziert wurde. Und nun hören wir, dass nationale Egoismen und Eigenheiten zurückgestellt werden müssen, dass wir nicht weniger, sondern mehr Europa brauchen. Das ist, als würde ein Arzt einem Patienten noch mehr von der Droge verschreiben, die ihn krank gemacht hat. Das Ergebnis ist absehbar. Sobald der Patient begriffen hat, wie es um ihn steht, wird er nicht nur die Einnahme der Medizin verweigern, er wird auch anfangen, den Arzt zu hassen. Und er wird sich fragen: Wem nützt das Ganze? Mir? Oder doch nur den Politikern, die sich mit großen goldenen Lettern in die Geschichte einschreiben wollen; Bürokraten, die einen Selbstbedienungsladen betreiben; Bankern, die auch dann Millionen-Boni kassieren, wenn sie Milliarden verzockt haben; Großunternehmen, die sich teure Lobbyisten leisten können, um Unsinn wie die Energiesparlampe durchzusetzen? Und nicht zu vergessen: die vielen Subventionsempfänger und die Claqueure, die für ihre Europabegeisterung bezahlt werden.

Müsste nicht ein Politprofi wie der ehemalige bayerische Ministerpräsident und knapp gescheiterte Kanzlerkandidat es besser wissen oder wenigstens eine offene Debatte zulassen, statt die ganz große Keule herauszuholen, wenn mal über Europapolitik ohne Scheuklappen geredet werden soll?

Stoiber, Sitzenmachen! Und dann ab nach Döbeln!

7. Omnipotente Phantasien
   impotenter Bürokraten

Eine Krise ist wie eine Münze, sie hat immer zwei Seiten. Manchmal sogar mehr. Anfang des Jahres 2013 veröffentlichte das medizinische Fachblatt »Lancet« mehrere Studien zu den »gesundheitlichen Auswirkungen der Krise in Europa«. Dazu gehört auch ein Anstieg der Selbstmordraten bei unter 65-Jährigen seit 2007. »Die Zunahme steht in direkter Verbindung mit Arbeitslosigkeit und drohendem Stellenverlust«, behauptet der Mediziner Martin McKee vom »Europäischen Observatorium für Gesundheitssysteme und Gesundheitspolitik«. In Griechenland habe man zudem eine »Zunahme von psychischen Störungen« festgestellt. Dagegen sei in einigen Ländern die Zahl der Verkehrsunfälle zurückgegangen, weil die Autofahrer auf öffentliche Verkehrsmittel umsteigen mussten oder einfach weniger unterwegs waren. In Spanien habe dies freilich zur Folge gehabt, dass auch die Zahl von Organspenden rückläufig war.

Eine klare Kausalkette: weniger Arbeit, weniger Geld, weniger Verkehr, weniger Verkehrstote, weniger Organspenden. Allerdings: mehr psychische Erkrankungen und mehr Selbstmorde. Gesundheitspolitisch mag es sich um ein Nullsummenspiel handeln, bedenkt man aber, wie viele Existenzen und Menschenleben im Zuge der »Krise« vernichtet oder ruiniert wurden und noch werden, bekommt der Satz von Bundesfinanzminister Schäuble »Wir leben in einer sehr glücklichen Zeit« einen bitteren Beigeschmack. Und wenn ein angesehener spanischer Ökonom in einer angesehenen spanischen Tageszeitung schreibt: »Wie Hitler hat Angela Merkel dem Rest des Kontinents den Krieg erklärt, diesmal, um sich wirtschaftlichen Lebensraum zu sichern«, dann ist das zwar kompletter Unsinn, aber es relativiert das Vaterunser der »engagierten Europäer«, die EU sei der ideale Rahmen für ein friedliches Zusammenleben der Völker, eine Garantie gegen Nationalismus, Hass und zentrifugale Tendenzen.

Zu einem friedlichen Zusammenleben gehört mehr als nur die Möglichkeit, mit Spaniern in Berlin wohnen, mit Franzosen in Kopenhagen studieren, polnisches Bier trinken und britische Magazine lesen zu können. So wie die EU derzeit funktioniert, bringt sie die Völker nicht zusammen, sondern treibt sie auseinander; der wahnwitzige Versuch, die Lebensverhältnisse in 28 Ländern zu homogenisieren, hat dazu geführt, dass der Abgrund, der überbrückt werden sollte, immer breiter und tiefer geworden ist. Hat man noch vor kurzem jene Polen bedauert, die nach Mecklenburg-Vorpommern reisen mussten, um für einen Stundenlohn von fünf Euro Spargel zu stechen, so hoffen heute Tausende von spanischen, griechischen, italienischen und portugiesischen Akademikern, wenigstens einen Job als Kellner oder Taxifahrer in Deutschland zu bekommen. Derweil die Deutschen darüber staunen, wie schnell Liebe in Hass umschlagen kann, sobald José und Juanita, die in Palma für jeden Euro Trinkgeld dankbar waren, erfahren, dass sie in Traben-Trarbach und Wanne-Eickel nicht willkommen sind.

Es entstehe »der Eindruck«, schreibt Clemens Wergin in der »Welt«, »man habe es mit einer Elitenverschwörung gegen den gesunden Menschenverstand zu tun«. Es ist aber nicht nur »ein Eindruck«, es ist die Realität, wenn wir »Verschwörung« nicht als einen Masterplan, sondern als das Ergebnis omnipotenter Phantasien impotenter Bürokraten verstehen.

Der Brüsseler EU-Adel lebt und arbeitet auf einem eigenen Planeten, weitab vom Rest der Welt. Wenn der für Umweltschutz zuständige EU-Kommissar in einem Dienst-Audi mit Fahrer von Brüssel nach Straßburg rollt, weil er sich eine Reise mit dem Zug nicht zumuten möchte, und wenn er in seinem Straßburger Hotelzimmer beim Duschen, während er sich einseift, wirklich das Wasser abstellt, weil in der Sahel-Zone das Wasser knapp ist, dann muss irgendetwas ganz furchtbar schiefgegangen sein. Entweder der Kommissar hat nicht alle Speichen am Rad oder er hat sich daran gewöhnt, dass man alles, was er sagt, für bare Münze nimmt, weil er ein Kommissar ist, der Zuständigkeit mit Kompetenz verwechselt.

Unter den neuerdings 28 EU-Kommissaren, die für alles Mögliche zuständig sind – seit 1. Juli ist der Kroate Neven Mimica für »Verbraucherschutz« zuständig –, gibt es auch einen, der das Ressort »Beschäftigung, Soziales und Integration« betreut. Es ist der Ungar László Andor, Doktor der Wirtschaftswissenschaften. In seinem »Kabinett« beschäftigt er 26 Mitarbeiter, von denen, den Namen nach zu urteilen, jeder zweite ebenfalls aus Ungarn kommt. Besucht man seine Homepage, findet man als Erstes einen »Bericht über die soziale Lage und die Beschäftigungssituation in der EU« für das erste Quartal 2013. »Im Lichte der beispiellos hohen Arbeitslosigkeit«, heißt es da, »sind und bleiben die Herausforderungen in den Bereichen Arbeitsmarkt und Soziales gewaltig.« Die Lage vieler Haushalte, vor allem junger Leute, habe sich »erheblich verschlechtert«. Der Beschäftigungstrend gehe seit Mitte 2011 »klar abwärts«, die Arbeitslosigkeit sei im Januar 2013 weiter gestiegen – »auf insgesamt 26,2 Millionen EU-weit, das sind 10,8 Prozent der aktiven Bevölkerung«. Und: »Das Problem betrifft mittlerweile fast ein Viertel der wirtschaftlich aktiven jungen Menschen.« Das heißt: Jeder vierte »junge Mensch« in der EU ist arbeitslos. Aber das ist nur der statistische Mittelwert. In Spanien ist es jeder zweite, in Griechenland sind es sogar zwei von drei.

Und was tut die Europäische Kommission »im Lichte« dieser beispiellos hohen Arbeitslosigkeit? Sie verklagt Malta »wegen Kürzung der Altersbezüge von Personen, die von einem anderen Mitgliedsstaat eine öffentliche Beamtenpension beziehen«.

Nein, ich habe mir das nicht ausgedacht, es steht tatsächlich da. »Die Europäische Kommission hat beschlossen, beim Gerichtshof der Europäischen Union Klage gegen Malta wegen der Praxis einzureichen, die maltesischen Altersbezüge zu kürzen, wenn die Empfängerinnen und Empfänger aufgrund einer Tätigkeit im öffentlichen Dienst eines anderen Mitgliedsstaats Altersbezüge von diesem Mitgliedsstaat erhalten.« Eine solche Ungerechtigkeit schreit doch zum Himmel! Maltesischen Beamten, die von einem anderen Staat der EU Altersbezüge bekommen, sollen die Renten gekürzt werden!

Kurz zuvor hatte der Kommissar für »Beschäftigung, Soziales und Integration« zu einem anderen Problem Stellung bezogen, der so genannten »Armutsmigration«. Die, sagte er, gebe es nicht; sie sei »eine Wahrnehmung«, die »mit der Wirklichkeit nichts zu tun hat«. Hätte László Andor gesagt, die Armutsmigration sei eine Wahrnehmung, die mit *seiner* Wirklichkeit nichts zu tun habe, wäre das sicher eine korrekte Feststellung gewesen. Aber es gibt Wirklichkeiten, die seiner Wahrnehmung nicht zugänglich sind. Zum Beispiel die Zustände in Duisburg-Bergheim, wo den Einwohnern benutzte Windeln um die Ohren fliegen, die von den Mietern eines Hochhauses auf die Straße entsorgt werden. Das so genannte »Roma-Hochhaus«, das von Zuwanderern aus Rumänien bewohnt wird, ist aber nur die Spitze des migrationspolitischen Eisbergs. »Mehr als 5000 osteuropäische Armutsflüchtlinge stellen Duisburg vor große soziale Probleme«, schrieb eine lokale Zeitung im September 2012, die Duisburger Integrationsbeauftragte sprach von einer »dramatischen« Situation, vor allem angesichts der eskalierenden Kriminalität; ein Sprecher des Landeskriminalamtes klagte über »Diebstähle an Geldautomaten«, die »zum Teil mit brachialer Gewalt« verübt würden, der Innenminister von Nordrhein-Westfalen warf der Bundesregierung vor, die Revierstädte im Stich zu lassen. »Der Bund muss dafür sorgen, dass sich die Lebensverhältnisse der Roma in Bulgarien und Rumänien verbessern. Dazu hätte die Bundesregierung längst über die EU Druck auf diese osteuropäischen Länder ausüben müssen. Die Folgen der Untätigkeit spüren jetzt die Menschen in den Städten an Rhein und Ruhr leidvoll.«

Die Stellungnahme des Düsseldorfer Innenministers war mindestens ebenso originell wie die Behauptung des Brüsseler Kommissars, die »Armutswanderung« sei »eine Wahrnehmung«, die »mit der Wirklichkeit nichts zu tun hat«. Nun finde ich es völlig in Ordnung, den »Bund« für alles Mögliche verantwortlich zu machen: sinkende Geburtenraten und steigende Benzinpreise, die kalten Winter und die heißen Sommer, die Not der kolumbianischen Tagelöhner und den Dauerstau am Kamener Kreuz, wo die BAB 1 auf die BAB 2 trifft. Aber zu sagen, die Bundesregierung müsse dafür sorgen, dass sich die Lebensverhältnisse der Roma in Bulgarien und Rumänien verbessern, damit diese nicht nach Deutschland kommen und den Deutschen »leidvolle« Erfahrungen erspart bleiben, zeugt doch von einer massiv gestörten Realitätswahrnehmung.

Mit dem Beitritt von Bulgarien und Rumänien zur EU traten auch Regelungen in Kraft, die der Reise- und Niederlassungsfreiheit zugutekamen. Zwar gehören Bulgarien und Rumänien noch nicht zum Schengen-Raum, zwar dürfen Bulgaren und Rumänen bis Ende 2013 keine Arbeit in Deutschland annehmen, aber niemand kann eine bulgarische oder rumänische Familie an der Einreise und anschließend daran hindern, in ein überfülltes Hochhaus in Duisburg oder einen Dortmunder Slum zu ziehen, wo sie als Erstes lernt, wie man einen Antrag auf Kindergeld und Sozialhilfe stellt. Und niemand kann es einer bulgarischen oder rumänischen Familie übel nehmen, dass sie den Verlockungen des Wohlfahrtsstaates nachgibt. Wenn der Wohlfahrtsstaat nicht zu ihnen kommt, dann machen sie sich auf den Weg in den Wohlfahrtsstaat. So wie sich niemand darüber wundern kann, dass ein Fluss bergab fließt oder eine Tasse zu Boden fällt, wenn man sie loslässt.

Es gibt Naturgesetze, die man nicht ungestraft ignorieren darf. Die Tatsache, dass Menschen ihrem Elend zu entkommen versuchen, indem sie irgendwo hinziehen, wo vermeintlich Milch und Honig fließen, gehört dazu. Deswegen ist der Begriff »Armutswanderung« nicht nur irreführend, sondern idiotisch. Oder hat man schon mal etwas von einer »Reichtumswanderung« gehört, von wohlhabenden Menschen, die eines Tages beschließen, in ein verarmtes Land zu ziehen, um ihren Reichtum mit den Einwohnern dieses Landes zu teilen? Migration war und ist immer Armutswanderung. Menschen suchen, seit sie sich in der afrikanischen Steppe aufgerichtet haben, immer nach besseren Lebensverhältnissen – so kam der Homo sapiens nach Europa, so kamen die Vandalen nach Rom, so kamen unzählige Iren und Deutsche, Italiener und Chinesen nach Amerika, und so kommen jetzt eben rumänische Roma zu uns.

Zum Zeitpunkt des EU-Beitritts von Bulgarien und Rumänien waren die Lebensverhältnisse in diesen Ländern bekannt, zumindest jenen, die es wissen wollten. So wie die ökonomischen Zustände in Griechenland bekannt waren, als die Nachkommen der Hellenen in den Club aufgenommen wurden. Man wollte die »Wiege der Demokratie« unbedingt mit dabeihaben. Was für ein Glück, dass Ägypten nicht beitreten musste, nur weil dort die Schubkarre, das Bier und der Pflanzenfarbstoff Indigo erfunden wurden.

Solche Fehler können nicht auf einen Mangel an Wissen zurückgeführt werden. Die EU beschäftigt Tausende von Experten: Ökonomen, Politologen, Soziologen, Kulturwissenschaftler, Historiker; sie vergibt darüber hinaus Forschungsaufträge und sie produziert Unmengen von bedrucktem Papier, die von Hunderten Übersetzern in 24 Sprachen übersetzt werden. Wenn all die Erkenntnisse dort zwar angehäuft und verbreitet, aber letztlich ignoriert werden, dann nennt das der Europapolitiker den »politischen Willen zur Einheit«. Dieser steht über allem, denn es müssen ja, wie wir wissen, WW3 und Auschwitz2 verhindert werden. So entsteht zwangsläufig der Eindruck, Zweck all der Übungen ist es nicht, das Leben der EU-Bürger zu vereinfachen, sondern einen monströsen Betrieb am Leben zu erhalten, ihn laufend zu vergrößern und dadurch immer mehr Felder zu besetzen.

Die zentrale Rolle kommt dabei nicht dem Parlament, sondern der Kommission zu, die wie ein hypertropher Wohlfahrtsausschuss agiert. Eines der Themen, mit denen sich die Kommission immer wieder beschäftigt, ist die so genannte »Corporate Social Responsibility«, CSR, die soziale Verantwortung der Unternehmen. Im »Lexikon der Nachhaltigkeit« – (http://www.nachhaltigkeit.info/artikel/eu_gruenbuch_csr_773.htm) ja, das gibt's! – erfährt man, dass die EU-Kommission bereits im Jahre 2001 ein »Grünbuch« über »Europäische Rahmenbedingungen für die soziale Verantwortung der Unternehmen der EU (CSR)« veröffentlicht hat. Darin schlägt die Kommission vor, eine »europäische Stelle« zur Beobachtung der »wirtschaftlichen und sozialen Auswirkungen industrieller Wandlungsprozesse« einzurichten.

»Funktion dieser Stelle soll es sein, einen proaktiven Ansatz in der Antizipierung und Bewältigung des Wandels zu entwickeln. Die Europäische Stiftung zur Verbesserung der Lebens- und Arbeitsbedingungen in Dublin hat jetzt diese Initiative in ihr vierjähriges Turnusprogramm aufgenommen und damit ihre Funktion bekräftigt, die im Wesentlichen darin besteht, die relevanten Akteure durch Bereitstellung zuverlässiger und objektiver Information darin zu unterstützen, den industriellen Wandel besser zu verstehen, zu antizipieren und zu bewältigen.«

Die einzige konkrete oder, wie man heute sagt, »belastbare« Information in dieser Mitteilung ist die, dass es in Dublin eine »Europäische Stiftung zur Verbesserung der Lebens- und Arbeitsbedingungen« gibt – mit an Sicherheit grenzender Wahrscheinlichkeit eine EU-Einrichtung, die mit EU-Mitteln finanziert wird –, die nun, zusätzlich zu allen anderen ihr übertragenen Aufgaben, einen »proaktiven Ansatz« in der »Antizipierung und Bewältigung des industriellen Wandels« entwickeln soll.

Wir treffen hier auf ein Phänomen, das die Angehörigen der gebildeten Stände als »Pleonasmus« beziehungsweise »Tautologie« bezeichnen, während der gesunde Menschenverstand von einem »weißen Schimmel« spricht, der durch die »finstere Nacht« reitet. Auf die Idee, einen »proaktiven Ansatz« zur »Antizipierung« zu entwickeln, kann nur jemand kommen, der sich sonst damit beschäftigt, Prognosen für die Ereignisse von gestern abzugeben.

Drei Jahre später, 2004, veröffentlichte die »Generaldirektion Beschäftigung« der EU-Kommission ihr »ABC of CSR Instruments«, ein Online-Handbuch über den Einsatz von CSR-Instrumenten in drei Bereichen. Erstens: Socially responsible management. Zweitens: Socially responsible consumption. Drittens: Socially responsible investment. Auch dieses Papier wurde, wie eine Lego-Burg, aus vorgefertigten Teilen zusammengesetzt. Bei der Lektüre des »ABC of CSR Instruments« habe ich mich immer wieder gefragt: Wo lernt man, so zu schreiben? Gibt es an irgendeiner Hochschule einen Studiengang für angewandte Geschwätzigkeit? Ist es den Leuten, die solche Papiere verfassen, nicht peinlich, lauter Nullsätze aneinanderzureihen und dabei so zu tun, als hätten sie ein Update für die Zehn Gebote erarbeitet? Käme ein Förster auf die Idee, einen Baum zu fällen, um aus dem Holz einen Zahnstocher zu produzieren, müsste er sich die Frage gefallen lassen, ob er noch zurechnungsfähig ist. Aber eine Wortlawine loszutreten, von der am Ende ein kleiner Schneeball übrig bleibt, nämlich die Erkenntnis, dass »Eigentum verpflichtet«, ist ein »Joint Venture«, in das Hunderte von Experten ihr Fachwissen einbringen. Der praktische Nutzen ihrer Mühen kommt in Formeln zum Ausdruck, die als »banal« zu bezeichnen schon eine maßlose Übertreibung wäre: »CSR is an ongoing learning process for companies and stakeholders« (CSR ist ein fortwährender Lernprozess für Unternehmen und Beteiligte). Oder: »The development of tools and practices is work in progress« (Die Entwicklung von Werkzeugen und Methoden ist ein dauernder Lernprozess). Oder: »The commitment of management in driving CSR forward is essential« (Die Verpflichtung des Managements, CSR weiterzuentwickeln, ist wesentlich).

Da gerät man schnell in die Versuchung, den Copyrightholdern an solchen Sprüchen aus dem ABC der Nichtigkeiten zuzurufen: »Vielen Dank! So genau wollten wir es gar nicht wissen! Geht es auch etwas allgemeiner?« (http://ec.europa.eu/enterprise/policies/sustainable-business/corporate-social-responsibility/index_de.htm)

Im Oktober 2011 legte die Europäische Kommission ein weiteres Positionspapier zum Thema »Nachhaltiges und verantwortungsbewusstes Unternehmertum« vor, in dem die »Corporate Social Responsibility« neu definiert wurde – als »ein Konzept, das den Unternehmen als Grundlage dient, auf freiwilliger Basis soziale Belange und Umweltbelange in ihre Unternehmenstätigkeit und in die Wechselbeziehungen mit den Stakeholdern zu integrieren«. Außerdem gab die Kommission einen »Aktionsplan für den Zeitraum 2011 bis 2014« bekannt, in dem die EU-Länder aufgefordert wurden, »bis Mitte 2012 eigene Pläne zur CSR-Förderung zu erstellen oder zu aktualisieren«; die Kommission versprach ihrerseits, »Bildungs- und Ausbildungsmaßnahmen im Bereich CSR weiter finanziell (zu) unterstützen und Möglichkeiten zur Finanzierung weiterer Forschungsaktivitäten aus(zu)loten«. (http://eur-lex.europa.eu/LexUriServ/LexUriServ.do?uri=COM:2011:0681:FIN:DE:PDF)

Wer sich der Mühe unterzieht, das ganze Positionspapier zu lesen, der findet darin einiges, das ihm bis dato unbekannt war, dazu auch etliche gewagte Versprechen. Haben Sie gewusst, dass »die Zahl der Organisationen, die sich im Gemeinschaftssystem für das Umweltmanagement und die Umweltbetriebsprüfung (EMAS) registrieren ließen, von 3300 im Jahr 2006 auf 4600 im Jahr 2011 gestiegen« ist? Ich nicht. Ich habe nicht einmal gewusst, dass es ein Gemeinschaftssystem für das Umweltmanagement und die Umweltbetriebsprüfung namens EMAS gibt. Offenbar ein weiterer Planet auf einer subventionierten Umlaufbahn rund um die Brüsseler EU-Sonne.

Nicht weniger überraschend ist die Ankündigung, die Kommission werde »ihre Zusammenarbeit mit den Mitgliedsstaaten, Partnerländern und maßgeblichen internationalen Foren« ausbauen, »damit künftig weltweit ausgewogenere Bedingungen herrschen«.

Weltweit! Es sollen also nicht nur die »Bedingungen« für ein »nachhaltiges und verantwortungsbewusstes Unternehmertum« in Europa homogenisiert, sie sollen auch langfristig global durchgesetzt werden. In Anbetracht der Tatsache, dass die in der EU organisierten 500 Millionen Europäer gerade einmal sieben Prozent der Weltbevölkerung ausmachen, kann das nur ein von Anmaßung und Größenwahn geprägtes Vorhaben sein. Oder eine Arbeitsplatzgarantie für alle Zeiten. Denn es dürfte eine Ewigkeit dauern, bis die EU-Normen für ein »nachhaltiges und verantwortungsbewusstes Unternehmertum« auch im letzten Winkel von Rajasthan und Uttar Pradesh zur Anwendung kommen.

Man könnte über solche Phantastereien gelassen hinwegsehen, wenn sie nicht zu einer Zeit ausposaunt würden, da es in Europa an allen Ecken krächzt und kracht. Nur in Brüssel ist die Welt noch in Ordnung, da geht alles seinen gewohnten Gang. Die Abgeordneten bekommen ihre Diäten, die Kommissare lassen Strategiepapiere schreiben, darunter eine »Klima Roadmap 2050«, in der eine »Treibhausgasreduktion der Industrienationen von 80–95 Prozent bis zum Jahre 2050« festgeschrieben wird und auch, »wie diese Treibhausgasreduktion machbar ist, ohne eine Dämpfung des wirtschaftlichen Wachstums nach sich zu ziehen«.

Für diese Art von Träumereien an offenen Kaminen gibt es im Polnischen ein schönes Sprichwort: »Przelewać z pustego w próżne«. Wörtlich übersetzt: Etwas nicht Vorhandenes aus einem leeren Gefäß in ein anderes leeres Gefäß umgießen. Sinngemäß: Dummes Zeug reden, ohne sich dafür zu schämen.

Aber vielleicht ist auch das nur eine Frage der Wahrnehmung, die mit der Wirklichkeit nichts zu tun hat.

8. Das Nichts läuft auf vollen Touren

Man kann den 28 EU-Kommissaren und ihren zahllosen Mitarbeitern, den 766 Abgeordneten und deren Zuarbeitern vieles vorwerfen, nur eines nicht: Sie sind nicht faul, sondern sie sind extrem umtriebig. Der Präsident des Parlaments, Martin Schulz, gibt jeden Tag ein halbes Dutzend Interviews, selten weniger, öfter mehr; der Präsident der Kommission José Manuel Barroso reist dienstlich um die Welt, während der Ratspräsident Herman Van Rompuy daheim die Stellung hält. »Die Aufgaben des Präsidenten des Europäischen Rates« werden im Artikel 15 Absatz 6 des »Vertrages über die Europäische Union« (60 Seiten) – nicht zu verwechseln mit dem »Vertrag über die Arbeitsweise der Europäischen Union« (418 Seiten) – folgendermaßen beschrieben:

»Er führt den Vorsitz bei den Arbeiten des Europäischen Rates und gibt ihnen Impulse…, wirkt darauf hin, dass Zusammenhalt und Konsens im Europäischen Rat gefördert werden, legt dem Europäischen Parlament im Anschluss an jede Tagung des Europäischen Rates einen Bericht vor…« – wobei ihm 41 Mitarbeiter zur Seite stehen: Berater und Assistenten, Pressesprecher und Redenschreiber, Sekretäre und Sekretärinnen; allein drei Angehörige seines Kabinetts sind für »Horizontal Questions« zuständig, was immer das bedeuten mag.

Was der Präsident des Europäischen Rates – nicht zu verwechseln mit dem Europarat und dem Rat der Europäischen Union – sonst noch so macht, kann man auf seiner Homepage einsehen. Er hält »wichtige Reden« und nimmt an »Gipfeltreffen mit Drittländern« teil, wo er ebenfalls Reden hält, die aber nicht als »wichtig« klassifiziert werden. Zum Beispiel am 26. und 27. Januar 2013 in Santiago de Chile an einem Gipfeltreffen der EU mit der »Gemeinschaft der Lateinamerikanischen und Karibischen Staaten« (CELAC). Da sagte er unter anderem, die Euro-Zone habe ihre Probleme hinter sich gelassen und sei viel besser imstande, mit den »Schockphänomenen fertig zu werden, die wir während der Krise erlebt haben«. Wörtlich: »2013, 2014 will be a better time.« Ein starkes Europa liege im Interesse der »Gemeinschaft der Lateinamerikanischen und Karibischen Staaten« und der Weltwirtschaft. »So, if there are problems, we can solve the problems. But the global picture is an overwhelming positive picture.« (Wenn es also Probleme geben sollte, können wir diese Probleme lösen. Aber das Bild, das die Welt bietet, ist ein überwältigend positives Bild.)

Das war, wie gesagt, Ende Januar 2013. Sechs Wochen später brach die Zypernkrise aus, von der Herman Van Rompuy, die 41 Mitglieder seines Kabinetts, die 27 EU-Kommissare, die 766 Abgeordneten des EU-Parlaments und alle übrigen Berufseuropäer kalt erwischt worden sind. Oder sie haben auf cool gemacht, in der Hoffnung, es würde ein Wunder geschehen und der bittere Kelch an ihnen vorbeiziehen.

Zu sagen, »the global picture« sei »overwhelming(ly) positive«, kostet keine Anstrengung, wenn man in der Business-Class irgendwo einfliegt, von gleichgearteten Funktionären in Empfang genommen und dann zwischen dem Hotel und dem Konferenzort hin- und hergeshuttelt wird, alles auf Kosten derjenigen, die mit ihren Steuern den Lebensstil dieses neuen europäischen Adels finanzieren.

Jetzt sagen Sie bitte nicht, das sei ein populistisches Argument. Wir würden auch die Beamten in den Gemeinden, in den Ländern und im Bund finanzieren, dazu Landräte, Kreistage und Regierungspräsidenten, 16 Landtage, den Bundestag, den Bundesrat, die ARD und das ZDF, ein halbes Dutzend Parteistiftungen und zwei Dutzend bundesunmittelbare Anstalten, von deren Existenz Sie noch nie etwas gehört haben – wie die »Bundesanstalt für Immobilienaufgaben«, zuständig für die Verwaltung der bundeseigenen Liegenschaften, die »Bundesanstalt für vereinigungsbedingte Sonderaufgaben«, die Nachfolgerin der »Treuhand«, das »Bundesamt für Migration und Flüchtlinge«, die »Bundesanstalt für Landwirtschaft und Ernährung«, die »Bundesanstalt für Wasserbau«, die das deutsche Wasserstraßennetz verwaltet, und dergleichen mehr.

Erstens habe ich nichts gegen populistische Argumente, im Gegenteil. Zweitens muss man einer urwaldartig wuchernden Bürokratie nicht die Krone aufsetzen, indem man sie überdacht, mit einer weiteren bürokratischen Ebene, die den untergeordneten Instanzen nur dazu dient, sich im Bedarfsfalle für unzuständig zu erklären. Und drittens: Egal, was Sie von Angela Merkel halten, ob Sie mit ihrer Politik einverstanden sind oder nicht – Sie können die Bundeskanzlerin wählen und abwählen. Sie ist Ihnen rechenschaftspflichtig. Herman Van Rompuy, der nach Santiago de

Chile düst, um dort die EU wie einen Beauty-Salon vorzustellen, ist es nicht. Wenn er sich nach Ablauf seiner zweiten Amtszeit am 30. November 2014 ins Privatleben zurückzieht, wird von ihm nur die Erinnerung an einen Grüßaugust bleiben, der bei offiziellen Anlässen das Büfett für eröffnet erklärt hat. Sein Jahresgehalt liegt mit mehr als 300 000 Euro über dem des amerikanischen Präsidenten. Einschließlich aller Ausgaben für Personal, Sicherheit, Konferenzen und Reisen kostet das völlig überflüssige Amt den europäischen Steuerzahler mehr als 25 Millionen Euro jährlich. Man kann ungeprüft davon ausgehen, dass er auch als Rentner mit etwa 70 Prozent seines letzten Gehalts nicht auf Sozialhilfe angewiesen sein wird.

Von allen Parlamenten in Europa ist das Europaparlament nicht nur das größte, sondern auch dasjenige mit der geringsten Legitimation. Seit der ersten Wahl ist die Wahlbeteiligung kontinuierlich gesunken: von 62 Prozent im Jahre 1979 auf 43 Prozent im Jahre 2009. Eindeutiger und gnadenloser lässt sich die Geringschätzung der Wähler für eine Institution nicht illustrieren, deren zunehmende Bedeutung ihnen täglich eingeredet wird.

Ich will nicht ausschließen, dass es Abgeordnete gibt, die ihren Job ernst nehmen, und sei es nur, um darauf hinzuweisen, wie absurd die Konstruktion eines Parlaments ist, das keine Gesetze initiieren darf, wie es der deutsche Abgeordnete Holger Krahmer (FDP) aus Leipzig immer wieder – und vergeblich – tut. Aber selbst dann, wenn das Europaparlament alle Vollmachten eines richtigen Parlaments hätte: Was wäre gewonnen, wenn es Gesetze verabschieden könnte, die in 28 Ländern gelten würden? Ländern mit unterschiedlicher Geschichte, verschiedenen Kulturen, Mentalitäten und Traditionen; mit einem jeweils anderen Verständnis von Moral, Pünktlichkeit und Sittlichkeit; mit anderen Essgewohnheiten und anderen Vorstellungen von Gerechtigkeit und Geselligkeit? Diese Unterschiede lassen sich nicht nivellieren, mehr noch: Niemand sollte es auch nur versuchen. Denn sie sind es, die den Charakter der »Alten Welt« ausmachen.

Das Problem mit den »Vereinigten Staaten von Europa« ist nicht, dass eine gute Idee schlecht umgesetzt wird, das Problem ist, dass sie für die Praxis nicht taugt. Man kann utopische Vorstellungen haben, man muss nur wissen, wie man mit ihnen umgeht. Die Juden zum Beispiel beten jeden Tag für die baldige Ankunft des Messias – und tun dabei alles, damit er nicht kommt, denn sie wollen keinen zweiten Super-GAU riskieren. Ein Sozialist kann ruhig an die klassenlose Gesellschaft *glauben*, solange er sich der Tatsache bewusst ist, dass der Horizont ein Ziel ist, dem man zwar näherkommen kann, wenn man sich viel Mühe gibt, das man aber nie erreichen wird. Wer es dennoch schafft, dem ist ein Platz im Gulag sicher.

Die EU aber ist eine ziemlich reale bürokratische Kopfgeburt, die mit einem riesigen Aufwand in Bewegung gehalten werden muss. Stillstand würde Absturz bedeuten. Das wusste schon der ehemalige Präsident der EG-Kommission Jacques Delors: »Europa ist wie ein Fahrrad. Hält man es an, fällt es um.« Oder, um es mit Hanns Dieter Hüsch zu sagen: »Das Nichts läuft auf vollen Touren.« So wie ein Hamster in einem Tretrad rennt und rennt, ohne von der Stelle zu kommen.

Ich bin mir ziemlich sicher: Die meisten Eurokraten wissen, dass sie an einem beschäftigungstherapeutischen Programm teilnehmen. Einige wissen es von Anfang an, bei anderen stellt sich diese Einsicht erst im Laufe der Zeit ein. Dann stehen sie vor der Sinnfrage und suchen Hilfe bei einem der Psychotherapeuten, die sich auf die Behandlung von EU-Patienten spezialisiert haben. Die kommen dann in der Pause zwischen zwei Terminen, legen sich auf die Couch und wollen getröstet werden, wie mir eine seit 30 Jahren in Brüssel praktizierende Therapeutin erzählt hat. Es ist ihnen klar, dass sie einer vollkommen sinnfreien Tätigkeit nachgehen, aber da gibt es auch ein paar Versuchungen, denen sie nicht widerstehen mögen. Sie können ihre Autos folgenlos im Halteverbot abstellen; sie werden mehr als ordentlich entlohnt; sie lassen lustlose Ehefrauen und lärmende Kinder im Reihenhaus mit Garten zurück, um in der Anonymität einer großen Wohnanlage das kleine Abenteuer mit einer Geliebten zu genießen, manchmal sogar zwei, einer in Brüssel, einer in Straßburg. All das sind »windfall benefits«, deren Attraktivität man nicht unterschätzen sollte.

Manche gehen die Sache auch ganz pragmatisch an, wie zum Beispiel Lothar Bisky, 72, der Philosophie an der Humboldt-Universität zu Berlin und Kulturwissenschaften an der Karl-Marx-Universität Leipzig studiert hat, bevor er mit einer Arbeit »Zur Kritik der bürgerlichen Massenkommunikationsforschung« zum Professor habilitiert wurde, um danach unter anderem an der »Akademie für Gesellschaftswissenschaften beim Zentralkomitee der SED« zu unterrichten. Zur Zeit der Wende war er Rektor der Hochschule für Film und Fernsehen in Potsdam und Herausgeber der sozialistischen Tageszeitung »Neues Deutschland«. Bisky, der im Alter von 18 Jahren aus Schleswig-Holstein in die DDR zog, um dort das Abitur zu machen, trat 1963 der SED bei, manövrierte die Partei durch die stürmischen Zeiten des Umbruchs, Hand in Hand mit Gregor Gysi. Er war von 1993 bis 2000 und von 2003 bis 2007 Vorsitzender der PDS und von 2007 bis 2010 zusammen mit Oskar Lafontaine Vorsitzender der Linkspartei, die ihn 2009 als Spitzenkandidaten bei den Europawahlen aufstellte. Nach seinem Einzug in das Europaparlament gab er den Parteivorsitz auf. Ein Urgestein der DDR, mit allen Abwassern des real untergegangenen Sozialismus gewaschen, macht nun Europapolitik. Seiner Qualifikation entsprechend hat er im Europaparlament zwei Ämter inne: Stellvertretender Vorsitzender im »Ausschuss für Kultur und Bildung« sowie Stellvertreter in der »Delegation für die Beziehungen zur Volksrepublik China«.

Bei den Dreharbeiten für die »Europa-Safari« sind wir Lothar Bisky zufällig über den Weg gelaufen. An einem Donnerstag, kurz nach 13 Uhr, am Ende einer Sitzungswoche des Parlaments in Straßburg. Es war eine Szene, die ich nie vergessen werde. Wir standen im Innenhof des Parlamentsgebäudes und schauten zu, wie Hunderte von Abgeordneten und deren Mitarbeiter dem Ausgang zuströmten. Und alle hatten es furchtbar eilig. Das Geräusch der Rollkoffer auf dem Kopfsteinpflaster hätte auch zu einer Stampede in einem Western gepasst. Ich musste an den Auszug der Israeliten aus Ägypten denken. Plötzlich erkannte ich in der Menge Lothar Bisky, gab unserem Kameramann ein Zeichen und stürmte auf den Abgeordneten zu. Dabei kam es zum folgenden Wortwechsel:

Broder: »Herr Bisky! Ich grüße Sie! Ich heiße Henryk Broder, wir haben uns mal in Berlin getroffen.«

Bisky: »Herr Broder, ja.«

Broder: »Herr Bisky, wie ist es so in Europa?«

Bisky: »Wunderbar.«

Broder: »Wirklich? Muss man sich das antun, wenn man über 60 ist?«

Bisky: »Nein, das muss man nicht.«

Broder: »Warum machen Sie es?«

Bisky: »Ich brauchte einen vernünftigen Abgang ohne Krach.«

Broder: »Versteh ich Sie richtig? Das ist eine Beschäftigungstherapie, um nicht am Nichtstun zu verzweifeln?«

Bisky: »Für mich persönlich ist es ein vernünftiger Abschied aus der Politik, der ohne Krach und ohne Blessuren stattfindet, für alle Beteiligten. Auch für mich. Und das ist dann in Ordnung.«

Broder: »Und das ist den Aufwand wert?«

Bisky: »Na ja, es ist ja nicht langweilig hier. Ein bisschen hab ich schon Interesse daran. Das ist die Ebene Parlament, die ich noch nicht kannte.«

Ich gebe zu, dass ich Bisky seitdem ausgesprochen schätze. Ein ehrlicher Typ, der einem keinen Euro-Bären aufbindet. Kein Gerede von einem Gemeinschaftswerk, von europäischen Werten und Wurzeln, von einer Verantwortung für die Zukunft, von einem Vorbild für Lateinamerika und die Karibik, kein »Wir-sitzen-alle-in-einem-Boot«-Geschwafel, kein »Global picture« und kein »Halver Hahn«

mit Zuckerguss, nur ein entwaffnendes »Ich brauchte einen vernünftigen Abgang ohne Krach«. Bravo, Bisky! Und so pendelt er, ohne sich zu überarbeiten, für ein bescheidenes Salär von 8000 Euro brutto plus Spesen und Kostenvergütung, zwischen Brüssel, Straßburg und Schildau im Landkreis Nordsachsen, wo die Schildbürger herkommen. Der Ort ist nicht ohne. Hier soll im Jahre 1812 Napoleon Bonaparte einmal heimlich übernachtet haben, auf dem Rückzug von seinem gescheiterten Russlandfeldzug. Ein großer Europäer, der die Folgen der Osterweiterung nicht bedacht hat.

9. Ein bisschen Frieden

Gleich nach seiner Rückkehr von Gesprächen mit dem deutschen Reichskanzler Adolf Hitler gab der britische Premier Neville Chamberlain am 30. September 1938 bekannt, er habe gute Nachrichten aus Deutschland mitgebracht: »Peace for our time!« Einen Tag später begann die Wehrmacht mit der Besetzung des Sudetenlandes gemäß dem Münchner Abkommen. Am 24. April 1982 gewann die damals 17-jährige Sängerin Nicole beim Eurovision Song Contest im englischen Harrogate den Wettbewerb mit 161 Punkten und damit 61 Punkten Vorsprung auf den Nächstplatzierten. Das Lied, mit dem sie den Preis nach Deutschland holte, hieß »Ein bisschen Frieden« und handelte von dem Wunsch eines Mädchens nach – Frieden.

Dreißig Jahre und ein paar Monate später, am 10. Dezember 2012, wurde der Europäischen Union in Oslo der Friedensnobelpreis verliehen. Stellvertretend für die ganze EU nahmen der Ratsvorsitzende Herman Van Rompuy, der Kommissionspräsident Manuel Barroso und der Parlamentspräsident Martin Schulz die Ehrung entgegen, wobei Van Rompuy und Barroso sich die Urkunde teilten, während Schulz die dazugehörige Medaille in Empfang nahm. Zur Begründung sagte der Vorsitzende des Komitees, der Norweger Torbjørn Jagland, die EU habe über sechs Jahrzehnte hinweg dazu beigetragen, Frieden und Aussöhnung,

Demokratie und Menschenrechte zu fördern. »Es hat viele Konflikte, Meinungsverschiedenheiten und dramatische Ereignisse gegeben. Aber die Europäische Union war so etwas wie ein andauernder Friedenskongress.« Besonders hoch rechnete er der EU an, dass sie die Ost-West-Teilung »überwunden« habe.

»Wir müssen zusammenstehen«, erklärte Jagland, »wir tragen eine kollektive Verantwortung. Europa muss vorwärtsgehen. Es muss das Erreichte hüten und das Geschaffene verbessern. Nur so können wir die von der Finanzkrise geschaffenen Probleme zum Wohle aller lösen.« Mit der Verleihung des Preises an die EU wollte das Komitee »daran erinnern, was die Europäische Union für den Frieden in Europa wirklich bedeutet«. Wobei der ehemalige norwegische Ministerpräsident, Außenminister, Parlamentspräsident und Vorsitzende der Arbeiterpartei mit keinem Wort darauf einging, dass die Bevölkerung seines Landes zweimal, 1972 und 1994, bei Volksabstimmungen den Beitritt zur EG beziehungsweise EU abgelehnt hatte, ohne dass danach ein Krieg zwischen den Nachkommen der Wikinger und dem Rest Europas ausgebrochen wäre.

Dennoch waren alle Teilnehmer der Feier schwer beeindruckt, allen voran die deutsche Kanzlerin: »Wir hatten eine wunderbare Zeremonie, für uns Europäer, die wir in einer nicht einfachen Situation sind. Und wir gehen ermutigt nach Hause, wir sind beeindruckt und wir kennen unsere historische Verantwortung.« Von den 27 Mitgliedsstaaten der EU waren etwa 20 mit ihren Präsidenten oder Regierungschefs in Oslo vertreten. Zu den wenigen Abwesenden gehörte auch der britische Premier David Cameron.

Es seien schon genug Politiker da, um den Preis entgegenzunehmen, erklärte er aus der Downing Street in London.

Sie werden sich nun fragen, wie ich darauf komme, einen so weiten Bogen zu schlagen – von Neville Chamberlain über Nicole bis zu der Osloer Friedensnobelpreisfeier. Ganz einfach: Sollte irgendjemand ein Lexikon der europäischen Friedensinitiativen schreiben, hätte ich die wesentlichen Vorarbeiten für ihn schon erledigt. Und zweitens: Es macht keinen Unterschied, ob Nicole den Eurovision Song Contest gewinnt oder die EU den Friedensnobelpreis bekommt. Beides gehört in die Abteilung Showbusiness. Während aber die Naivität von Nicole nicht gespielt war, wussten die in Oslo versammelten EU-Gesellschafter, dass sie an einer Agitprop-Veranstaltung teilnahmen. Es war, als hätte das Politbüro der KPdSU eine Feier zu Ehren des Zentralkomitees organisiert, zu der die Vertreter der Bruderstaaten angereist kamen, um Grußbotschaften abzuliefern.

Allem Pomp zum Trotz lag aber doch ein Schatten über dem Fest. Was war es noch mal, wofür die EU den Friedensnobelpreis bekommen hatte? Sogar dem nie um einen Spruch verlegenen Martin Schulz fiel es nicht leicht, auf diese Frage eine kohärente und überzeugende Antwort zu geben. Im »Morgenmagazin« von ARD und ZDF mäanderte er um den kalten Brei herum:

»Dass wir in Zeiten der Krise, wo Leute zweifeln, was ich übrigens auch verstehen kann, die EU ist nicht in einem guten Zustand, dass in solchen Krisenzeiten wir eine Warnung kriegen, das große Erbe des 20. Jahrhunderts, diese Friedens- und Wohlstandsgemeinschaft nicht aufs Spiel zu setzen, das ist der Sinn dieser Preisverleihung, und ich empfinde das heute als eine Aufgabe, dass das, was wir manchmal nicht so ernst nehmen, was uns nichts mehr wert ist, dass es hier nämlich Frieden und Solidarität gibt wie nirgendwo anders auf der Welt, nirgendwo, kein Kontinent ist so friedlich und so stabil trotz aller Probleme die wir haben, wie Europa, dass uns das nichts mehr wert ist, dass wir das jeden Tag schlecht reden, da sagt das Nobelpreiskomitee, Leute, hört damit auf, erinnert euch an das große Erbe, das ihr habt, und deshalb ist das auch eine Warnung heute an uns, das Erbe unserer Väter und Mütter nicht zu verspielen...«

Wenn ich jemanden vom »Erbe unserer Väter und Mütter« reden höre, gehen bei mir alle Warnlampen an. Das ist nicht der kleinste gemeinsame Nenner, auf den sich die Deutschen mit den Franzosen, die Polen mit den Italienern und die Schotten mit den Walisern verständigen können, das ist der zweitgrößte Unfug, gleich nach der oft zitierten und nie dagewesenen deutsch-jüdischen Symbiose. Ich will Martin Schulz zugutehalten, dass er unter dem »Erbe unserer Väter und Mütter« all das versteht, worüber Gymnasiasten Besinnungsaufsätze schreiben: Hegel und Kant, Florence Nightingale und Albert Schweitzer, John Stuart Mill und Giacomo Casanova, Madame Bovary und Lady Chatterley, das Bauhaus und die Loreley. Aber zum »Erbe unserer Väter und Mütter« gehört auch die europäische Appeasement-Politik gegenüber Hitler, das Münchner Abkommen, mit dem die Tschechoslowakei dem »Frieden für unsere Zeit« geopfert wurde, und die Konferenz von Evian im Jahre 1938, bei der sich die Vertreter von 32 Nationen auf keinen Rettungsplan für die bedrängten deutschen Juden einigen konnten. Das »Erbe unserer Väter und Mütter« ist eine moralisch und politisch negative Bilanz. Dazu zählt auch, dass unsere Väter und Mütter zweimal im Laufe des letzten Jahrhunderts aus dem Schlamassel herausgeholt werden mussten, in das sie sich selber hineinmanövriert hatten. Die Friedens- und Wohlstandsgemeinschaft, von der Schulz spricht, verdankt ihren Frieden und ihren Wohlstand der Intervention fremder Mächte, dem Marshall-Plan und dem Umstand, dass die Amerikaner ein halbes Jahrhundert lang ihre schützende Hand über Westeuropa gehalten haben.

Irgendjemand aus seinem 38-köpfigen »Kabinett« hat es versäumt, Schulz darauf aufmerksam zu machen, dass die Aussage, kein Kontinent sei so friedlich und so stabil wie Europa, die Situation nicht ganz erfasst. Es ist bestenfalls eine Momentaufnahme. Spult man den Film ein wenig zurück, wird man an den Bau der Mauer, an die Aufstände in Prag und Budapest, an den Bürgerkrieg in Jugoslawien erinnert; die Diktatur in Weißrussland und das Abgleiten Ungarns in eine semifaschistische Demokratur sind offenbar nur kleine Kratzer an einem ansonsten glanzvollen Gesamtkunstwerk. Und außerdem: Wenn irgendein Kontinent die Prädikate »besonders friedlich« und »besonders wohlhabend« verdient, dann ist es nicht Europa, sondern Australien. Sorry, es ist nun mal so.

Möglich, dass Martin Schulz das Nobelpreiskomitee durchaus richtig versteht, das schon andere schwer nachvollziehbare Entscheidungen getroffen hat, die tagespolitischen Situationen geschuldet waren. Vielleicht wollte das Komitee tatsächlich eine »Warnung« aussprechen. Aber wovor? Und an wen? Sollten die Europäer davon abgehalten werden, gegeneinander Kriege zu führen? Wie einst die

Bayern gegen die Österreicher oder die Preußen gegen die Sachsen? Nein, so weltfremd können nicht einmal norwegische Friedensfreunde sein.

Das Komitee hatte etwas anderes im Sinn. Wir sollten damit aufhören, Europa »jeden Tag schlecht(zu)reden«. Dann allerdings hätte die EU nicht den Friedensnobelpreis, sondern einen Preis der Deutschen Public Relations Gesellschaft für gelungene Selbstdarstellung verdient. Dass es dann doch der Friedensnobelpreis wurde, hat, so widersprüchlich es sich anhört, in der Tat etwas mit »Frieden« zu tun. Wer die EU schlechtredet, der stört den Frieden in der EU. Es sei denn, er übt »konstruktive Kritik«, wie man alles noch besser machen könnte. Das ist dann zwar keine Kritik, sondern PR, aber sie kommt eben dem Frieden zugute.

Und hier tut sich eine weitere Parallele zur Politik der guten alten Sowjetunion auf. Natürlich war in der SU Kritik erwünscht, vor allem Selbstkritik. Prinzipiell konnte man alles kritisieren, nur das System als solches durfte nicht in Frage gestellt werden. Denn es war ein Garant des Friedens. Das war das finale Argument, mit dem alles rechtfertigt wurde: Berufs- und Reiseverbote, Pressezensur, Denunziantentum, Scheinwahlen und die Privilegien der herrschenden Klasse. Die Opfer, die das gemeine Volk bringen musste, waren Beiträge zur Sicherung des Friedens.

Das ist inzwischen auch die amtliche Strategie der EU. Angesichts der Tatsache, dass sich die wirtschaftliche Situation in den meisten EU-Ländern (natürlich nicht in der Bundesrepublik, der Zugmaschine, an der die Waggons hängen) bestenfalls verschlimmbessert hat, wird die Friedenskarte ausgespielt. Das bisschen Arbeitslosigkeit, Bevormundung,

Enteignung, Gleichschaltung und demnächst auch Inflation sind nicht angenehm, aber doch kein zu hoher Preis für die Wahrung des Friedens. Sozusagen ein überschaubarer Kollateralschaden. Es kommt schließlich nicht nur auf materielle Werte an. Man muss auch Ideale haben, Utopien, Visionen!

Nun ist es so, dass die Friedensbewegung den größten Zulauf in Friedenszeiten hat, so wie die Antifa überall dort gedeiht, wo es keinen Faschismus gibt. In Kriegszeiten haben die Menschen keine Zeit, für den Frieden zu demonstrieren, weil sie mit dem Überleben beschäftigt sind. Wenn der Frieden aber mehr als nur die Abwesenheit von Krieg sein soll, dann muss dieser Zustand metaphysisch überhöht werden. Nicht als eine Selbstverständlichkeit, die es einem ermöglicht, in Ruhe bei IKEA einkaufen zu können, sondern als ein Geschenk, für das man einer höheren Macht Dank schuldet. Und da nur noch ein paar Fundis an Gott glauben, bietet sich die EU als Ersatz und Adressat an.

Damit kann man auch erklären, warum »EU-Kritiker« und »EU-Skeptiker« wie Häretiker behandelt werden, die morgens mit Weihwasser gurgeln und abends Käsehäppchen auf Oblaten servieren.

Erinnern Sie sich noch an die Reaktionen auf den Ausgang der Parlamentswahlen in Italien im Februar 2013? Die Bewegung des Komikers Beppe Grillo und die Partei des ehemaligen Ministerpräsidenten Silvio Berlusconi hatten zusammen beinahe die Mehrheit der Stimmen erhalten, ein Ergebnis, das vor allem deutsche Kommentatoren zur Verzweiflung trieb.

»Italiens Chaos-Wahl wird zur Gefahr für Europa«, titelte Spiegel Online, das Ergebnis sei »ein Schock für Europa – es ruft dem ganzen Kontinent eine Krise ins Bewusstsein, die viele schon für überwunden glaubten«; damit sei die »drittgrößte Volkswirtschaft der Euro-Zone womöglich unregierbar geworden«. Und falls das Land »doch noch regiert werden sollte, dann bestimmt nicht so, wie es sich die Euro-Retter in Brüssel oder Berlin erhofft hatten«.

Aber wer weiß denn schon, was Brüssel will, wenn Brüssel selbst nicht einmal weiß, was es wollen soll. Auf der einen Seite keine neuen Schulden, denn die Verschuldung ist an dem ganzen Desaster schuld. Sie kann und darf nicht weiter steigen, sagen alle, angeführt von der eisernen deutschen Kanzlerin. Auf keinen Fall dürfen Krisenstaaten wie Griechenland und Italien weiter in die Rezession abgleiten, denn ohne Wachstum droht eine »Abwärtsspirale« mit verheerenden Konsequenzen für den Arbeitsmarkt – Jugendarbeitslosigkeit! – und den »sozialen Frieden«. Also keine »Austeritätspolitik« à la Reichskanzler Brüning, denn Austerität führe zwangsläufig zu Anarchie, und dann war es das mit dem Frieden. Aber gleichzeitg soll gespart werden. Also hören wir, wie vom neuen italienischen Ministerpräsidenten Enrico Letta, die üblichen paradoxen Parolen: von »alle Sparzusagen einhalten« bis »in das Wachstum investieren« – wieder einmal Gas und Bremse gleichzeitig. Die »Experten« beweisen jeden Tag aufs Neue, dass sie keine Ahnung haben, was sie tun sollen. Heute zündeln sie, morgen spielen sie Feuerwehr. Dabei werden sie brav von denjenigen unterstützt, die ihnen eigentlich auf die Finger schauen sollten.

Wer war für das Wahldesaster in Italien verantwortlich? »Italiens Wähler.« Wer sonst? Das war der Tenor fast aller

Kommentare, von der FAZ bis zur taz, von der SZ bis zur FR. »Unregierbar« war das Wort des Tages, als wäre Italien jemals regierbar gewesen. Nun sind Wahlen in der Tat immer riskante Unternehmen. Manchmal gehen sie sogar ganz anders aus, als die Demoskopen es vorhergesagt haben. Verantwortlich für solche Pannen sind nicht die Demoskopen, sondern die Wähler. Deswegen wäre es viel einfacher und effektiver, bei den Meinungsforschern nicht nur die Stimmung im Land erkunden, sondern sie gleich die Ergebnisse festlegen zu lassen.

Eine Alternative dazu wäre ein gesamteuropäisches Wahlrecht. Wenn das Ergebnis der Wahlen in Italien von so schicksalhafter Bedeutung für ganz Europa ist, dann müssten die Europäer bei den Wahlen in Italien mitwählen dürfen, was freilich zur Folge hätte, dass dann die Italiener das Recht beanspruchen würden, in Frankreich, Deutschland, Holland usw. mitmachen zu können, was in kürzester Zeit zu italienischen Verhältnissen in ganz Europa führen würde. Ist es nicht seltsam, dass noch kein Politiker auf die Idee gekommen ist, die europäische Integration auf diese Weise voranzutreiben? Wenn wir schon alle im selben Boot sitzen, wie uns täglich versichert wird, dann sollten wir alle im gleichen Takt und in dieselbe Richtung rudern – und nicht die einen vor und die anderen zurück.

Das Beispiel dekonstruiert das europäische Dilemma bis auf den Kern. Mehr Europa, mehr Integration bedeutet mehr gegenseitige Abhängigkeit – und weniger Möglichkeiten, flexibel auf Unwägbarkeiten und überraschende Ereignisse zu reagieren. Der aus dem Libanon stammende amerikanische Investor Nassim Nicholas Taleb, der die jetzige

Finanzkrise vorhergesagt und von ihr profitiert hat, schlägt deswegen vor, dass wir uns »antifragil« verhalten. Wir können, sagt er, den Problemen mit einer »robusten« Aufstellung nicht beikommen. Der Zentralismus und die verordnete Gleichmacherei haben Europa immer krisenanfälliger gemacht. Lockere Verbindungen von kleinen Einheiten sind dagegen »antifragil« und können leichter auf Unvorhergesehenes reagieren.

An sich keine ganz neue Erkenntnis. Große Schiffe können mehr Tonnage transportieren, aber wenn eines untergeht oder auseinanderbricht, wie die Exxon Valdez vor der Küste von Alaska, dann ist der Schaden gewaltig. Die Fracht auf kleinere Schiffe zu verteilen, mag die Kosten pro Tonne erhöhen, verringert aber das Risiko im Katastrophenfall.

Könnten also die Italiener auf eigene Rechnung wirtschaften, würden sie vielleicht weniger Wein, Mortadella und Olivenöl exportieren, aber sie wären nicht in der Lage, den Euro auf Talfahrt zu schicken. Die EWG und die EG waren Kooperativen, in denen Produkte gemeinsam vermarktet wurden, die EU beziehungsweise die Eurozone ist zwar noch keine Fiskal-, dafür aber eine Transferunion, in der die einen mit Murmeln und die anderen mit Streichhölzern spielen, aber alle in derselben Währung abrechnen. Die Erweiterung der Eurozone abseits aller wirtschaftlichen Bedenken war der katastrophal erfolgreiche Versuch, den Euro und mit ihm den Wohlfahrtsstaat aus dem kalten protestantischen Norden in den eher lebensfrohen Süden zu exportieren, ohne Rücksicht auf Kosten, Gewohnheiten und Mentalitäten. Auf die Frage, ob sie sich »ein Europa der unterschiedlichen Geschwindigkeiten« vorstellen könnte, antwortete die Kanzlerin im Juni 2012 in einem Interview mit der ARD: »Ja, das haben wir heute schon in verschiedenen Bereichen... Das wird sich verstärken. Denn wer in einer Währungsunion zusammen ist, wird enger zusammenrücken müssen. Wir müssen offen sein, es immer allen ermöglichen mitzumachen. Aber wir dürfen nicht deshalb stehen bleiben, weil der eine oder andere nicht mitgehen will.«

Nur der Vorschlag, die Formel 1 mit dem Red-Bull-Seifenkistenrennen zusammenzulegen und den Fahrern zu raten, während des Rennens von der einen Klasse in die andere umzusteigen, wäre noch erfolgversprechender gewesen. Und je klarer wird, dass so etwas nicht funktionieren kann, umso schriller werden die Apelle, ja nicht am Status quo zu rütteln.

Am 23. Januar 2013 hielt der britische Premier David Cameron in London eine Rede, in der er die Rolle Englands innerhalb und gegenüber der EU auf den Prüfstand stellte. Es sei ihm bewusst, sagte der konservative Politiker, dass das Vereinigte Königreich manchmal als »streitlustiges« und »willensstarkes« Mitglied der EU angesehen werde. »Es ist wahr, dass unsere Geographie unsere Psychologie geformt hat. Wir haben den Charakter einer Inselnation – unabhängig, direkt, leidenschaftlich in der Verteidigung unserer Souveränität. Die britische Befindlichkeit können wir ebenso wenig ändern wie den Kanal trockenlegen. Wegen dieser Befindlichkeit beggnen wir der Europäischen Union eher pragmatisch als emotional. Die EU ist für uns ein Mittel zum Zweck – nicht ein Selbstzweck.«

Cameron betonte die Verbundenheit der Briten mit Europa – von Cäsars Legionen bis zum Kampf gegen den Nazismus – und die britische Tugend der Offenheit. »Wir waren schon immer ein Land, das sich der Welt zuwendet... Niemals möchte ich, dass wir die Zugbrücke hochziehen und uns von der Welt zurückziehen. Ich bin kein britischer Isolationist.«

Allerdings, die Enttäuschung der Briten über die EU sei »heute so groß wie noch nie«. Dafür gebe es eine Reihe von Gründen: »Die Leute haben das Gefühl, dass sich die EU in eine Richtung entwickelt, der sie niemals zugestimmt haben. Sie ärgern sich über Einmischung in unseren nationalen Alltag, durch in ihren Augen unnötige Regeln und Regulationen. Sie fragen sich, was das alles bringen soll. Warum können wir nicht einfach haben, wofür wir einst gestimmt haben – einen gemeinsamen Markt?«

Deswegen werde er sich dafür einsetzen, versprach der Premier, dass im Vereinigten Königreich eine breite Debatte über die Art und Weise der Zugehörigkeit des Landes zur EU geführt werde, an deren Ende, in drei bis vier Jahren, eine Volksabstimmung abgehalten werden soll.

Ich habe Camerons Rede zweimal gelesen und mir das Video auf YouTube angesehen. Ich habe darin nicht einen Satz gefunden, den man als »europafeindlich« auslegen könnte. Es sei denn, man nimmt ihm übel, dass er auf eine Selbstverständlichkeit hinwies: »Die größte Gefahr für die EU kommt nicht von denen, die für einen Wandel einstehen, sondern von jenen, die neue Gedanken als Ketzerei anprangern.« Es habe in der langen Geschichte Europas Ketzer gegeben, »die am Ende nicht ganz Unrecht hatten«, stellte Cameron mit dem bekannten britischen Understatement fest.

Zwei Tage später, am 25. Januar 2013, gab der Präsident des Europäischen Parlaments, Martin Schulz, der »Welt« ein Interview, in dem er Camerons Rede auseinandernahm. Er muss allerdings eine ganz andere Rede gelesen haben als die, die der Brite gehalten hatte. Es gefalle ihm nicht, sagte Schulz, dass »Cameron Europa droht, indem er ein Ultimatum stellt und sagt: Wenn ihr euch nicht bewegt, dann garantiere ich für nichts«. Die »Operation« sei »der Innenpolitik geschuldet, nicht Europa«, Cameron habe schon die nächsten Wahlen in seinem Land im Blick. »Das nehme ich ihm übel.«

Wenn ich mich nicht sehr irre, ist es nicht ungewöhnlich, dass ein gewählter Regierungschef die Interessen seines Landes vertritt und dabei wiedergewählt werden möchte. Auch die Politik von Angela Merkel ist nicht darauf gerichtet, britische Interessen zu vertreten – mit der Absicht, abgewählt zu werden. Cameron hatte der EU auch kein Ultimatum gestellt. Er hatte – Schulz, hören Sie! – ein paar grundsätzliche Fragen zur Gegenwart und Zukunft der EU formuliert und ein Referendum in Aussicht gestellt. Nur wer der Ansicht ist, das Volk sei zu dumm, um mitreden zu können, wird so ein Vorgehen unangemessen finden.

Dabei räumte Schulz ein, dass Cameron »berechtigte Fragen« stellt. Man müsse sogar »noch welche hinzufügen«, allerdings »immer mit dem Ziel, die EU zu verbessern, und nicht, sie abzuschaffen«.

Da war er wieder, der autoritäre, fast schon totalitäre Zungenschlag. Kritik – ja, bitte! Aber nur konstruktiv. Und was konstruktiv ist, bestimmt diesmal nicht das ZK der KPdSU, sondern der Präsident des Europaparlaments.

Nun ist Schulz kein verbockter Altkommunist, sondern ein gemütlicher Rheinländer, dem das Amt zu Kopf gestiegen ist. Sein Motto lautet nicht »Europa über alles!«, sondern »Quod licet Iovi, non licet bovi« – »Was Jupiter erlaubt ist, ist einem Ochsen nicht erlaubt.« Deswegen darf er auch sagen: »Die EU ist längst ein Staatsgebäude mit erheblichen Souveränitätsrechten, und das nehmen die Bürger auch so wahr... Sie ist schlecht geführt und schlecht organisiert. Wir haben einen massiven Vertrauensverlust der europäischen wie der nationalen Institutionen erlitten.«

Wenn aber der britische Premier das Gleiche nur einen Tick klarer sagt, dann wird er von Martin Schulz abgemeiert. Denn: »Ich würde mir wünschen, dass wir die EU gemeinsam verbessern – und von innen heraus.« Ich will mich nicht im Ton vergreifen, aber sind nicht manche Zeitgenossen mit genau dieser Begründung der SED beigetreten – um das System von innen zu verändern? Welches System hat sich schon von innen heraus reformiert, ohne dass von außen Druck ausgeübt wurde? Schulz war nicht der Einzige, der sich verpflichtet fühlte, Cameron die gelbe Karte zu zeigen. »Merkels Geduld mit den Briten hat ihre Grenzen«, meldete die »Welt« am 24. Januar. Zwei Wochen später, am 7. Februar, legte der Berufsdiplomat und FDP-Abgeordnete im Europaparlament, Alexander Graf Lambsdorff, noch ein Scheit nach. Camerons Vorschläge zur »Rückabwicklung der EU« seien »brandgefährlich«. Das sage er »als Deutscher, als Liberaler und als Europäer«. Denn Europa sei »ein Raum der Freiheit«, als Belege nannte der Liberale den europäischen Binnenmarkt, die Reisefreiheit, das Erasmus-Programm für Studenten, die Niederlassungsfreiheit und: die »Billigflieger«; worauf ich ihn gerne gefragt hätte, wann er denn zum letzten Mal mit EasyJet geflogen sei. Zusammen mit dem Cowboy aus der Marlboro-Werbung, der ihm etwas über den »Geschmack von Freiheit und Abenteuer« erzählte. Aber das war noch nicht alles, was Lambsdorff am Herzen lag. Er warnte auch vor der »Renationalisierung Deutschlands«, denn: »Wenn Deutschland antieuropäisch wird, wird der Rest Europas antideutsch.«

Deutschland und der dumme Rest. Erstaunlicherweise wird Europa umso antideutscher, je zwanghaft proeuropäischer Deutschland wird.

Des Grafen Demut war nur gespielt, seine Warnung vor einer »Renationalisierung« nur ein Manöver, um seine eigenen Großmachtphantasien elegant zu verkleiden. Cameron habe »einen rein funktionalen Blick auf Europa«, dagegen stehe »die Vision einer handlungsfähigen Union, die auf Augenhöhe mit den anderen Großmächten des 21. Jahrhunderts verkehrt«. Was Visionen angeht, hat Helmut Schmidt schon vor Jahren das einzig Richtige gesagt: »Wer eine Vision hat, der soll zum Arzt gehen.«

Man könnte auch Gottfried Benn zitieren: »Das Glück gleicht dem Balle, es steigt zum Falle.« Oder den Bauernkalender: Hochmut kommt vor dem Fall. Die große Vision der »Vereinigten Staaten von Europa« ist ein Projekt der Eliten, die sich gegenseitig fördern und befördern, von Politkern, die in die Geschichte eingehen wollen, und – nebenbei – deutschen Gutmenschen, die »Europa« für ein Antitoxin gegen das Gift des Nationalismus halten. Eine Geste des guten Willens, die dafür sorgen soll, dass wir Deutschen überall dort geliebt werden, wo die SS und die

Wehrmacht verbrannte Erde hinterlassen haben. Eine Art Wiedergutmachung an Europa.

Genau das Gegenteil ist der Fall: Der deutsche wirtschaftliche Erfolg, egal ob er dem Euro, dem Binnenmarkt oder dem Export zu verdanken ist, dem deutschen Fleiß oder der deutschen Sparsamkeit, hat zwangsläufig dazu geführt, dass wir unser Modell, unsere »Wohlstandsmethodik«, genauso exportieren wollen wie Volkswagen aus Wolfsburg, Schrauben von Würth oder Armaturen von Grohe. Aber: Ein wesentlicher Grund für den wirtschaftlichen Erfolg Deutschlands könnte die deutsche »Vielstaaterei« sein, ein ebenso lästiges wie wertvolles Erbe aus unserer Geschichte. Mit ihr hat sich auch eine entsprechende kleinteilige mittelständische Industrie entwickelt, die auf vielen Gebieten der Realwirtschaft einer zentralistisch organisierten Ökonomie überlegen ist.

Doch weder unsere Geschichte, unser protestantisches Arbeitsethos noch unsere Mentalität, die »gutes Leben« vor allem materiell interpretiert, lassen sich in die katholischen Länder Südeuropas exportieren. Kein Wunder, dass man uns vorwirft, wir wollten wieder einmal am deutschen Wesen die Welt, diesmal Europa, genesen lassen.

Dies ist die tragische Falle, in die uns die Europa-Euphoriker hineinmanövriert haben. Doch statt zu sagen: Jetzt ist Schluss damit, lasst uns einen langsamen Rückbau angehen, treten sie immer kräftiger auf das Gaspedal, wie der Fahrer eines Wagens, der im Sand steckengeblieben ist. Wer wirklich den Frieden in Europa erhalten will, der tritt den geordneten Rückzug an, je früher, desto besser.

Peace Now!

10. Frage dich, was du für Europa tun kannst

Es dürfte Ihnen schon aufgefallen sein, dass ich zur Erklärung »komplexer« Tatbestände eher Anekdoten als Computerberechnungen heranziehe. Unter anderem deswegen, weil ich, wie bereits gesagt, wenig Vertrauen zu »Experten« habe, deren Vorhersagen sich auf das Gestern beziehen. Außerdem gibt es keine interessenfreie Wissenschaft. Sogar bei der Interpretation von Statistiken kommt es auf die Interessenlage an. Das beste Beispiel dafür sind die periodischen Armuts- und Reichtumsberichte, an denen so lange herumgedoktert wird, bis sie dem gewünschten Ergebnis entsprechen.

Wer reich ist, bestimmt der Finanzminister, indem er festlegt, ab wann der höchste Steuersatz zum Zuge kommt. Ab 500 000 Euro Jahreseinkommen? Ab 250 000 Euro? Oder schon bei 100 000 Euro, gar bei 60 000? Man nennt das Verfahren »kalte Progression« oder einfacher: fortschreitende Enteignung.

Bei der Armut wird zwischen »absoluter« und »relativer« Armut unterschieden. Das ist sinnvoll, denn jemand, der genug zum Essen und ein Dach über dem Kopf, aber zu wenig Geld hat, um sich einen Kinobesuch leisten zu können, ist natürlich arm. Es ist auch albern zu sagen, die meisten Afrikaner wären dankbar, wenn sie so »arm« wären wie unsere Sozialhilfeempfänger. Als Einstein einmal gebeten wurde, seine Relativitätstheorie einem Laien zu erklären, soll er geantwortet haben: »Drei Haare auf dem Kopf sind sehr wenig. Drei Haare in der Suppe sind sehr viel.«

Aber auch die »relative« Armut ist eine extrem variable Größe. Als »relativ arm« gilt, wer – je nach Definition – 40, 50 oder 60 Prozent des durchschnittlichen Einkommens zur Verfügung hat. Mit einer solchen Definition wird die Armut dauerhaft zementiert. Würde das Durchschnittseinkommen in Deutschland auf 10 000 Euro pro Kopf und Monat steigen, wäre jeder, der weniger als vier-, fünf- oder sechstausend Euro verdient, arm dran. Wobei natürlich gefragt werden muss, was man für dieses Geld dann bekäme: einen gebrauchten Kleinwagen oder nur ein altes Fahrrad. Wenn es also schon so mühsam ist, sich darauf zu verständigen, wer arm und wer reich ist, wie mühsam ist es erst auszurechnen, welche Nation in Europa bedürftig und welche vermögend ist?

Anfang April dieses Jahres wurde eine Studie der Europäischen Zentralbank bekannt, wonach ausgerechnet die Zyprer das zweitreichste Volk innerhalb der Euro-Zone sind, gleich nach den Luxemburgern. Die Deutschen dagegen belegten den letzten Rang unter den 17 Euro-Staaten. Die Untersuchung wurde lange zurückgehalten, um die EU-Hilfen für das »bankrotte« Zypern nicht zu gefährden. Müssten unter solchen Umständen nicht die Zyprer in die Tasche greifen, um den Not leidenden Deutschen zu helfen?

Nicht unbedingt. Denn das Vermögen setzt sich aus vielen Faktoren zusammen, unter anderem Wohneigentum. 77 Prozent der Zyprer leben in den eigenen vier Wänden, in Deutschland sind es nur 44 Prozent. Die deutschen Ferienhäuser auf Mallorca zählen zum Vermögen der Spanier und nicht der Deutschen. Für die Zahl unterm Strich sind weitere Posten relevant, zum Beispiel Ansprüche aus der Rentenversicherung. Und so hängt das, was am Ende rauskommt, davon ab, was am Anfang eingegeben wird.

Das Gleiche gilt für die vielen Überlegungen, ob eine Rückkehr zur Deutschen Mark machbar wäre und was in einem solchen Fall passieren würde. »Aufwendig, aber möglich«, sagen die einen. Unmöglich, ein ökonomischer Super-GAU, der »einem riesigen Schuldenerlass aller anderen Euro-Länder auf deutsche Kosten« gleichkäme, meinen die anderen. Was gilt nun? Ich weiß es nicht. Mich erinnert die Situation jedenfalls an den Witz, in dem ein Mann seinen besten Freund fragt, wie denn dessen Frau im Bett sei. Der überlegt kurz und antwortet: »Die einen sagen so, die anderen so.«

Vergessen wir also für einen Moment, warum die EU gegründet und unter welchen Umständen der Euro eingeführt worden ist, ob es sich um eine »deutsche Verschwörung mit dem Ziel der Machtübernahme in Europa« gehandelt habe, was Margaret Thatcher damals dachte, aber nicht aussprach, oder ob die Aufgabe der DM der Preis war, den die Deutschen für die Zustimmung der Franzosen und der Briten zur Wiedervereinigung zahlen mussten. Die einen sagen so, die anderen so.

Schauen wir uns an, was die EU praktisch leistet, von den bekannten Beispielen wie der »Gurkenrichtlinie« und der Einführung der Energiesparlampe einmal abgesehen. Einfacher gefragt: Was tun die hauptamtlichen Eurokraten tagaus, tagein?

Es gibt 28 EU-Kommissare, aus jedem Land der Union einen. Am 1. Juli 2013 ist der letzte dazukommen, der Vertreter Kroatiens, Neven Mimica, für den man den »Verbraucherschutz« von der »Gesundheit« abgekoppelt hat. Die Kommission ist so etwas wie die Exekutive der EU, eine Regierung mit gesetzgeberischen Kompetenzen. Normalerweise wird eine Regierung so gebildet, dass die Kabinettsposten (Inneres, Justiz, Finanzen, Wirtschaft, Soziales usw.) mit mehr oder weniger qualifizierten Kandidaten besetzt werden. Bei der EU ist es umgekehrt, da gibt es einen Kandidaten und für den muss ein Amt kreiert werden. So kommt es zu Ressortbildungen nach dem Prinzip der Zellteilung. Ein Kommissar ist für den Handel, ein anderer für den Wettbewerb zuständig. Verwandte Bereiche, sollte man meinen, die man praktischerweise unter einem Dach zusammenfassen sollte. Das wäre zwar sinnvoll, würde aber einen der beiden seinen Job kosten. Es gibt einen Kommissar für Umwelt und eine Kommissarin für Klimapolitik. Einen Kommissar für »allgemeine Entwicklung« und einen, der sich auf Landwirtschaft und »ländliche Entwicklung« spezialisiert hat.

Einen für »Industrie und Unternehmertum« und einen für »Wirtschaft und Währung«. Es ist also wie bei der »Kinderpost«: So viele Kinder teilnehmen, so viele »Posten« muss es geben, sonst gibt es Tränen und keiner will am Ende mehr mitspielen.

Deshalb gibt es auch noch Spezialgebiete, die so speziell sind, dass man sie keinem anderen Ressort zuschlagen kann. Zum Beispiel das »Kommissariat für maritime Angelegenheiten und Fischerei«. Oder das »Kommissariat für

Digitale Agenda«, das die Holländerin Neelie Kroes verwaltet. Sie ist meine Lieblingskommissarin. »Digitale Agenda«, das hört sich nach einer Mischung aus Bill Gates und Gerhard Schröder an, mit einem Schuss Oude Genever dazu.

Das Kabinett der Kommissarin für »Digitale Agenda« umfasst 22 Mitarbeiter und Mitarbeiterinnen. Neelie Kroes ist auf sieben sozialen Netzwerken präsent, um die Neugier der vielen Menschen zu befriedigen, die sich jeden Morgen, gleich nach dem Aufstehen, fragen: Was macht Neelie Kroes heute? Man kann es auch auf ihren Blogeinträgen nachlesen.

Am 9. April 2013 schrieb sie einen Nachruf auf Maggie Thatcher, die sie in den 70er-Jahren kennengelernt hatte. Am 15. März kündigte sie an, für mehr Wettbewerb auf dem europäischen Telekommunikationsmarkt zu sorgen, zum Vorteil der Anbieter und der Verbraucher. Am 8. März gab sie eine Erklärung zum Internationalen Frauentag ab. Am 5. März berichtete sie von einem Besuch auf der CEBIT in Hannover. »Ich habe heute einen interessanten Morgen mit Bundeskanzlerin Angela Merkel und dem polnischen Premierminister Donald Tusk verbracht.« Am selben Tag traf sie eine Gruppe junger digitaler Unternehmer, um von ihren Erfahrungen zu lernen. »Wir müssen auch außerhalb der Brüsseler Blase miteinander kommunizieren, wir müssen mit wirklichen Menschen reden und ihnen zuhören, Menschen, die in richtigen Jobs an der digitalen Front arbeiten.«

Wer immer diese Sätze im Namen der Kommissarin geschrieben hat, er muss eine sensationelle Entdeckung gemacht haben. Es gibt ein Leben außerhalb der Brüsseler

Blase! Mit richtigen Menschen! Irgendwo muss also eine Schnittstelle zwischen der Brüsseler Blase und dem wirklichen Leben existieren. So wie ein Raumschiff ab und zu zur Bodenstation zurück muss, damit die Mannschaft mal an die Luft kommt, die Trockenklos ausgetauscht und die Vorräte erneuert werden können. Unsere Versuche, diese Schnittstelle zu finden, als wir für die TV-Serie »Entweder Broder« in Europa unterwegs waren, blieben erfolglos, aber wir hatten viel Spaß bei der Suche, wie Harrison Ford als Indiana Jones in Steven Spielbergs »Jäger des verlorenen Schatzes«.

Sollten Sie infolge eines Vulkanausbruchs auf Island auf irgendeinem Flughafen stranden, dann nutzen Sie die Wartezeit, um auf den Seiten der EU-Kommissare zu surfen. Sie werden Welten finden, von deren Existenz Sie nichts geahnt haben, nichts ahnen konnten. Es ist, als würden Sie ein großes Theater durch den Hintereingang betreten und plötzlich sehen, wie es in den Kulissen zugeht. Eine solche Erfahrung hat noch jeden Theatergänger ernüchtert, der den »Raub der Sabinerinnen« für eine Komödie gehalten hat. Was für die Zuschauer eine Komödie ist, ist für die Schauspieler harte Arbeit.

Die Kommission mit ihren 28 Kommissaren ist nur die Spitze einer Pyramide, an der seit Jahrzehnten gebaut wird, und zwar von oben nach unten, so dass die bebaute Grundfläche immer größer wird. Unterhalb der Kommission wirken die Generaldirektionen, wobei die Ressorts der Kommissare und der Generaldirektoren nicht deckungsgleich sind. Es gibt 20 Generaldirektionen im Bereich »Politikfelder«, jeweils fünf in den Bereichen »Außenbeziehungen«

und »Allgemeine Dienste« und dreizehn im Bereich »Interne Dienste«. Macht zusammen 43 Generaldirektionen. Sagt Wikipedia und verweist dabei auf eine Homepage der Kommission, auf der 33 Generaldirektionen und 11 Dienststellen gelistet werden, was zusammen 44 Abteilungen ergibt. Zu sagen, das System sei unübersichtlich, wäre eine arge Untertreibung. Die Unübersichtlichkeit ist gewollt, sie hat ihre Vorteile. Denn während jedes EU-Land unabhängig von seiner Größe nur einen Kommissar in die Kommission entsenden darf, kommen gleich acht Generaldirektoren aus England, sechs aus Italien, fünf aus Frankreich, je vier aus Deutschland und Spanien, drei aus den Niederlanden und je zwei aus Belgien, Griechenland und Irland.

Die Generaldirektionen sind Job-Generatoren. Zum Beispiel: In der »Generaldirektion Gesundheit und Verbraucher« waren bis Sommer 2013 960 Mitarbeiter tätig, 660 in Brüssel, 120 in Luxemburg, 180 in Grange bei Dublin. Sie alle wollen »Europa zu einem gesünderen, sichereren Ort machen, in dem die Verbraucher darauf vertrauen können, dass ihre Interessen geschützt sind«. Zwar sei »eine Gesellschaft ohne Risiken wohl kaum realistisch, doch wir tun alles in unserer Macht stehende, um die Risiken für Verbraucher zu begrenzen«. Das heißt, die 960 Mitarbeiter der »Generaldirektion Gesundheit und Verbraucher« sind praktisch für alles zuständig, außer für Dioxin in deutschen Bio-Eiern, rumänisches Pferdefleisch in Rindfleisch-Fertigprodukten, Schimmel im Futtermais aus Serbien, Frostschutzmittel in Weinen aus Österreich, Fadenwürmer in Fischstäbchen, Gammelfleisch im Döner, Unkrautvernichtungsmittel im Hühnerfutter, Mäusekot im Mozzarellakäse, Kolibakterien auf Bio-Sprossen – um nur einige der Lebensmittelskandale zu nennen, von denen die Mitarbeiter der »Generaldirektion Gesundheit und Verbraucher« aus den Medien erfahren haben. Es bleibt eben immer ein Restrisiko.

Wenn Sie es ganz genau wissen wollen, womit sich die Kommissare, die Generaldirektoren und deren Mitarbeiter beschäftigen, dann gehen Sie auf die Homepage der EU-Kommission. Als Erstes werden Sie darüber informiert, wie Sie »umweltfreundlich einkaufen« können, vorausgesetzt Sie haben die »EU-Leitlinien für die Etikettierung« auswendig gelernt, die es den Verbrauchern ermöglichen sollen, »vertrauensvoll einkaufen zu gehen«. Dabei sollen die »Umweltaussagen nicht nur transparent sein..., sondern auch sachdienlich, zuverlässig, umfassend, vergleichbar und klar«.

Aber offenbar sind diese Aussagen noch nicht sachdienlich, zuverlässig, umfassend, vergleichbar und klar genug, denn die Kommission plant, »parallel dazu produkt- und sektorspezifische Regeln für die Bewertung von Umweltauswirkungen« bei der Herstellung jener Produkte zu schaffen, die Sie vertrauensvoll eingekauft haben. Das heißt: Wenn Sie einen Laib Brot, eine Packung Windeln oder eine Tüte Gummibärchen in ihren Einkaufskorb legen, können Sie sich, parallel dazu, darüber informieren, welche Auswirkung die Herstellung und Vermarktung dieser Produkte auf die Umwelt hatte. Natürlich werden Sie sich als bewusster Konsument für die Produkte entscheiden, bei deren Herstellung und Vermarktung die Umwelt am wenigsten belastet wurde, wobei es für die Umwelt am besten wäre, wenn

Sie nichts kaufen und gar nichts verbrauchen würden. Optimal wäre es, wenn Sie das Atmen einstellen würden, denn das dabei abgegebene Kohlendioxyd belastet die Umwelt am meisten. Aber lassen Sie sich damit noch etwas Zeit. Die »produkt- und sektorspezifischen Regeln für die Bewertung von Umweltauswirkungen« werden frühestens in drei Jahren vorliegen, was natürlich die Frage provoziert, wie sehr die Umwelt durch die Aktivitäten der Kommissionsmitarbeiter belastet wird, die von einem Konferenzort zum anderen fahren müssen, um »produkt- und sektorspezifische Regeln für die Bewertung von Umweltauswirkungen« zu erarbeiten. Sogar dann, wenn sie nur per E-Mail oder Skype miteinander verkehrten, würden sie ebenfalls einen gewaltigen CO_2-Fußabdruck hinterlassen.

Dieses im Sinn atmen Sie einmal tief durch und klicken dann auf den Link »Von A bis Z« in der Kopfleiste. Und schon sind Sie mittendrin – in allem, womit die EU zu tun hat. Jetzt spielen Sie einfach mal den Fuchs im Hühnerstall und suchen sich etwas aus.

Fangen Sie gleich mit dem ersten Stichwort an: »Abfall«. Da erfahren Sie, wie viel Abfall jährlich in der EU anfällt, es sind drei Milliarden Tonnen oder sechs Tonnen pro Kopf, wobei mein Anteil etwa doppelt so hoch sein dürfte. Sie erfahren alles über »waste prevention« und »waste recycling«, also wie man die Abfallmenge reduzieren und das, was am Ende übrig bleibt, wiederverwenden kann. Das sind keine Informationen, die ich zum Glücklichsein brauche, aber es ist kein imaginiertes Problem. Nachdem ich einmal einen Müllarbeiter-Streik in Tel Aviv und einmal einen in Neapel erlebt habe, weiß ich, dass dies der wichtigste aller

Berufe ist. Man kann ohne Zeitungen und ohne Fernsehen leben, ohne Klimaanlage und ohne Aufzug, aber nicht mit Müllbergen vor der Haustür.

Nun scrollen wir weiter, überspringen das Comenius-, das Daphne- und das Erasmus-Programm, klicken »Erdbeobachtung« an und lernen hier, dass man dies nur aus großer Höhe tun kann, zum Beispiel mit Hilfe von Satelliten, die maßgeblich dazu beigetragen haben, unser Bild von der Erde zu prägen. So etwas hatte ich schon vermutet.

Wir haben nicht viel Zeit, wir müssen uns noch vor dem Einkaufen mit den »Leitlinien für die Etikettierung« vertraut machen, also geht es flott weiter. Next Stop: Musik. »Musik ist ein ständiger Begleiter des Lebens der Europäer: Sie ist ein elementarer Bestandteil ihres Kulturerbes und ihrer Kulturen.« Deswegen hat der Rat bereits 1997 »die kulturelle, gesellschaftliche und wirtschaftliche Bedeutung der Musik in Erinnerung gerufen und die Kommission aufgefordert, das musikalische Schaffen und die Verbreitung von Musikwerken sowie die Qualifikation und die Mobilität der Fachkräfte zu fördern«.

Etwas Ähnliches gilt auch für den Tanz, der die »soziale Integration« befördert. Deswegen finanziert der Europäische Sozialfonds »im Rahmen seiner Aktivitäten zur Integration Jugendlicher und Arbeitsloser in den Arbeitsmarkt« auch die Ausbildung zum Tänzer. Ich werde demnächst beim zuständigen Kommissar nachfragen, ob es dafür eine Alters- oder Gewichtsgrenze gibt.

Sie werden Mühe haben, etwas zu finden, das die EU-Kommission nicht finanziert oder fördert. Wenn Sie zum Beispiel das nächste Mal nach Bergisch Gladbach bei Köln kommen, werden sie gleich neben dem Ortsschild neun Tafeln sehen, auf denen die »Partnerstädte« angezeigt werden: Bourgoin-Jallieu und Joinville-le-Pont in Frankreich, Luton und Runnymede in England, Velsen in Holland, Marijampolė in Litauen, Limassol auf Zypern, Pszczyna in Polen und Bait Dschala in den palästinensischen Autonomiegebieten. Jedes Mal, wenn ich an solchen Tafeln vorbeifahre, sei es in Lüneburg, Oldenburg oder Coburg, frage ich mich: Was soll das? Was ist der Sinn solcher Städtepartnerschaften? Ganz einfach. Sie werden von der EU gefördert. Denn: »Städtepartnerschaften bilden ein einzigartiges und dichtes Netz und spielen daher eine ganz bestimmte Rolle im Hinblick auf die Herausforderungen im modernen Europa... Außerdem fördern Städtepartnerschaften den Austausch von Erfahrungen zu vielfältigen Themen von gemeinsamem Interesse und sensibilisieren die Bürger/innen dadurch für die Vorteile einer konkreten Lösungsfindung auf europäischer Ebene. Darüber hinaus bieten Städtepartnerschaften einzigartige Möglichkeiten dafür, etwas über den Alltag der Bürger/innen in anderen europäischen Ländern zu lernen, mit diesen zu sprechen und dadurch häufig auch Freunde zu finden. Dank der Kombination dieser Elemente verfügen Städtepartnerschaften über ein beachtliches Potenzial für die Verbesserung des gegenseitigen Verständnisses zwischen Bürger/innen, die Förderung der Identifikation mit der Europäischen Union und nicht zuletzt die Entwicklung einer europäischen Identität.« So ist es auf der Website der »Exekutivagentur Bildung, Audiovisuelles und Kultur« (EACEA) zu lesen, die »zuständig für die Verwaltung bestimmter Teile der EU-Programme in den

Bereichen Bildung, Kultur und audiovisuelle Medien« ist und »unter der Aufsicht« von »drei Generaldirektoren der Europäischen Kommission« steht.

Der Weg von Bergisch Gladbach nach Europa führt über Velsen in Holland und Pszczyna in Polen. Dafür stellt die EU zwischen 10 000 und 150 000 Euro pro Städtepartnerschaft zur Verfügung. Und dadurch entsteht in der Tat ein »dichtes Netz« von Städtepartnerschaften. Bourgoin-Jallieu ist unter anderem mit Dunstable in England, Rehau in Deutschland und Wujiang in China verbandelt; Luton mit Spandau und Wolfsburg; Marijampole mit Viborg in Dänemark und Kokkola in Finnland; Limassol mit Niederkassel im Rhein-Sieg-Kreis und Alexandria in Ägypten; Pszczyna mit Kastela in Kroatien und Klein Rönnau bei Segeberg. Diese Gemeinden wiederum unterhalten Städtepartnerschaften mit anderen Gemeinden, die ihrerseits... Und irgendwo in diesem Netzwerk sitzt die Spinne: eine Agentur, die Städtepartnerschaften und Städtefreundschaften vermittelt, auch dies gewiss gefördert von der EU, um die »Identifikation mit der Europäischen Union und die Entwicklung einer europäischen Identität« voranzutreiben. Ein großes Wort für ein Programm, das ein paar Bürgermeistern und Stadträten die Gelegenheit verschafft, einmal im Jahr eine neue Biersorte in einer anderen Stadt zu probieren.

Dieser ganze Zirkus muss verwaltet werden. Es müssen Richtlinien für die Vergabe der Prämien bei Abschluss der Städtepartnerschaften erarbeitet werden. Die eingereichten Anträge müssen geprüft werden. Dann muss das Geld angewiesen werden. Und schließlich muss die Abrechnung überprüft werden. Musste die Delegation aus Bergisch Gladbach erster Klasse nach Pszczyna reisen, wäre die zweite Klasse nicht gut genug gewesen? Und was ist mit der Abrechnung aus der »Villa Paradise«, war es ein dienstlicher Anlass oder eine private Orgie?

Aber das sind alles kleinkarierte Überlegungen, ebenso wie die Idee, mit dem Geld handwerkliche Ausbildungsstätten für spanische Jugendliche oder menschenwürdige Lebensverhältnisse für rumänische Roma zu finanzieren, angesichts der Tatsache, um was es wirklich geht: »Die Identifikation mit der Europäischen Union und die Entwicklung einer europäischen Identität.« Wobei offensichtlich die Identifikation mit der Europäischen Union der erste Schritt zur Entwicklung einer europäischen Identität ist. Oder auch der letzte. Wer sich mit der Europäischen Union identifiziert, der hat bereits eine europäische Identität entwickelt. An dieser Stelle nachzufragen, worin sich diese europäische Identität artikuliert, wäre so respektlos, als würde man mitten im Weihnachtsgottesdienst wissen wollen, ob Maria wirklich Jungfrau war, als sie Jesus zur Welt brachte.

Am 22. Februar 2013 hielt Bundespräsident Gauck im Schloss Bellevue eine »Rede zu Perspektiven der europäischen Idee«; er sprach von einem weit verbreiteten Unbehagen, einem Unmut an Europa, »den man nicht ignorieren darf«, vom »Verdruss über die so genannten Brüsseler Technokraten und ihre Regelungswut«, er äußerte Verständnis für »die Klage über mangelnde Transparenz der Entscheidungen, das Misstrauen gegenüber einem unübersichtlichen Netz von Institutionen«. Die Krise, sagte Gauck, habe »mehr als nur eine ökonomische Dimension«. Sie sei »auch eine Krise des Vertrauens in das politische Projekt Europa«.

Es war, wie immer bei Gauck, eine ausgewogene Rede. Er räumte Defizite und Fehler ein. Er ging sogar so weit zu sagen, Europa fehle »die große identitätsstiftende Erzählung«: »Wir haben keine gemeinsame europäische Erzählung, die über 500 Millionen Menschen in der Europäischen Union auf eine gemeinsame Geschichte vereint, die ihre Herzen erreicht und ihre Hände zum Gestalten animiert. Ja, es stimmt: Wir Europäer haben keinen Gründungsmythos nach der Art etwa einer Entscheidungsschlacht, in der Europa einem Feind gegenübertreten, siegen oder verlieren, aber jedenfalls seine Identität wahren konnte. Wir haben auch keinen Gründungsmythos im Sinne einer erfolgreichen Revolution, in der die Bürger des Kontinents gemeinsam einen Akt der politischen oder sozialen Emanzipation vollbracht hätten. Die eine europäische Identität gibt es genauso wenig wie den europäischen Demos, ein europäisches Staatsvolk oder eine europäische Nation.«

Wenn es also keine europäische Identität gibt, kein europäisches Staatsvolk und keine europäische Nation – was gibt es dann?

Einige praktische Vorteile, die Gauck aufzählte: »Wir reisen von der Memel bis zum Atlantik, von Finnland bis nach Sizilien, ohne an irgendeiner Grenze den Reisepass zu zücken. Wir zahlen in großen Teilen Europas mit einer gemeinsamen Währung und kaufen Schuhe aus Spanien oder Autos aus Tschechien ohne Zollaufschläge. Wir lassen uns in Deutschland vielerorts von polnischen Ärzten behandeln und sind dankbar dafür, weil manche Praxen sonst schließen müssten. Unsere Unternehmer beschäftigen zunehmend Arbeitskräfte aus allen Mitgliedsländern der Union, die in ihren eigenen Ländern oft gar keine Arbeit oder nur Jobs unter sehr viel schlechteren Bedingungen finden würden. Und unsere Senioren, sie verbringen zum Teil ihren Ruhestand an Spaniens Küsten, manche auch an der polnischen Ostsee. Mehr Europa ist also auf erfreuliche Weise Alltag geworden.«

Gaucks Aufzählung war bei weitem nicht vollständig. Auf der Habenseite fehlten die polnischen Putzfrauen, die in jedem zweiten Berliner Haushalt für Ordnung und Sauberkeit sorgen. Auf der Sollseite die Hütchenspieler aus dem Kosovo, die zwangsweise rekrutierten Prostituierten aus Ungarn, die Roma aus Bulgarien und Rumänien, die Angehörigen der Russenmafia, die auf eine rätselhafte Weise den Sprung über die Schengen-Grenzen geschafft haben. Denn auch sie können alle von der Memel bis zum Atlantik, von der Etsch bis an den Belt reisen, ohne an irgendeiner Grenze den Pass zücken zu müssen. Eine der Grundregeln der Dialektik, dass es keine Vorteile ohne Nachteile gibt, war von Gauck konsequent übersehen worden.

In der Analyse hat also unser Bundespräsident den Nagel auf den Kopf getroffen. Der Tenor seiner Rede kommt dem sehr nahe, was auch ich denke und schreibe. Er formuliert nur feiner. Aber statt die Konsequenzen aus seinen Beobachtungen zu ziehen und eine Debatte anzuzetteln – pardon: anzuregen –, biegt er in das politisch-korrekte Fahrwasser ein. Es ist nicht alles optimal, aber wenn wir uns Mühe geben, kann es noch was werden…, sagt ein Mann, dem die Freiheit, auch die des Denkens, doch über alles geht und der den Untergang eines visionären Systems, das auf Täuschung und Selbsttäuschung beruhte, hautnah miterlebt hat.

Gegen Ende seiner Rede, nachdem er versichert hatte, »mehr Europa heißt in Deutschland nicht: deutsches Europa, mehr Europa heißt für uns: europäisches Deutschland!«, wurde der Bundespräsident nämlich richtig konstruktiv und phantasievoll. Was Europa fehle, sei eine »gemeinsame Verkehrssprache«; damit ließe sich »eine europäische Agora, ein gemeinsamer Diskussionsraum für das demokratische Miteinander« umsetzen, »so etwas wie Arte für alle«, also nicht ein elitärer Kulturkanal, sondern ein »Multikanal mit Internetanbindung« auf dem »mehr gesendet werden (müsste) als der Eurovision Song Contest oder ein europäischer Tatort«, nämlich: »Reportagen über Firmengründer in Polen, junge Arbeitslose in Spanien oder Familienförderung in Dänemark«. Das klingt genauso überzeugend wie der gute Rat in den 50er-Jahren, man solle sich für den Fall eines Atomangriffs eine Aktenmappe über den Kopf halten.

Ja, ein solches Programm könnte die fehlende gemeinsame europäische Erzählung ersetzen. Polnische Firmengründer, die jungen Arbeitslosen in Spanien erklären, wie sie sich selbständig machen können, am besten als Experten für Familienförderung nach dem dänischen Vorbild. Alle anderen, die »was Gutes tun« möchten, können sich beim Europäischen Freiwilligendienst bewerben. Das ist gelebte Integration! Frage nicht, was Europa für dich tun kann, frage, was du für Europa tun kannst!

11. Wann geht es dem Leberkäse an den Kragen?

Gilbert Keith Chesterton wurde 1874 als Protestant geboren und trat im Alter von 48 Jahren zum Katholizismus über. Er schrieb Kolumnen für Londoner Zeitungen, verfasste philosophische Abhandlungen, Romane und Kurzgeschichten. Die bekanntesten handeln vom »Father Brown«, einem Geistlichen, der mit Hilfe seines gesunden Menschenverstandes die kompliziertesten Kriminalfälle löst. Chesterton selbst schaffte es, »komplexe« Sachverhalte auf einfache Formeln zu reduzieren. Beispiel: »Anstatt uns zu fragen, was wir mit den Armen machen sollen, sollten wir uns lieber fragen, was die Armen mit uns machen werden.«

Oder: »Das Problem des Kapitalismus ist nicht, dass es zu viele, sondern dass es zu wenige Kapitalisten gibt.« Als Alternative zum Kapitalismus auf der einen und Sozialismus auf der anderen Seite empfahl er den »Distributismus«: eine möglichst breite Streuung des Eigentums an Produktionsmitteln. Wie recht er damit hat, zeigt sich heute in den Regionen, die tatsächlich viele kleine Unternehmen besitzen wie das Veneto und Vorarlberg oder wie die Großräume Stuttgart oder Mannheim.

Würde Chesterton heute leben, wäre er ein »engagierter Gesellschaftskritiker«, so einer wie Heiner Geißler oder Klaus Staeck, nur witziger und weniger ideologisch festgelegt. Eines der schönsten Bonmots, die ihm zugeschrieben werden, ist von einer bestechenden Aktualität: »Seit die Menschen nicht mehr an Gott glauben, glauben sie nicht an Nichts, sie glauben allen möglichen Unsinn.«

Der Unsinn, an den die aufgeklärten Menschen von heute glauben, heißt »Europa« mit Vor- und »Klima« mit Nachnamen. Das sind die säkularen Religionen des 21. Jahrhunderts: Der Glaube an die von Menschen verursachte globale Klimakatastrophe und daran, dass es zu »Europa« keine Alternative gibt, dass wir alle im selben Boot sitzen und weder aussteigen noch umkehren können. Das sind keine Tatsachen oder Meinungen, das sind Glaubenskundgebungen. Und Glaubensfreiheit ist eine der Säulen einer freien Gesellschaft. Manche glauben an die klassenlose Gesellschaft, während ich *weiß*, dass man in der Business-Class viel angenehmer reist als in der Economy.

Allerdings habe ich, seit ich vor vielen Jahren einmal Lourdes besuchte, eine gewisse Affinität zum Katholizismus. Nein, ich glaube nicht an die Heilige Dreifaltigkeit, aber der Unterhaltungswert der katholischen Gottesdienste übertrifft den aller anderen Konfessionen, mit Ausnahme der Armenier. Es ist Showbusiness pur. Dagegen wirken die Aufführungen auf dem Altar der EU geradezu erbärmlich. Nach jedem Konklave, von denen es in den vergangenen fünf Jahren über 20 gegeben hat, stellen sich die Teilnehmer zu einem Gruppenbild mit Dame auf. Dann verkünden sie die baldige Genesung der Europa-Idee auf der Grundlage von Freiheit und Solidarität. Es ist wie bei den Verhandlungen mit dem Iran über dessen Atomprogramm: Man weiß schon im Voraus, wie das Abschluss-Kommuniqué lauten wird.

Und was Wunder angeht, sieht die Bilanz noch ernüchternder aus. Bis jetzt ist noch bei keinem EU-Gipfel der Geist von Konrad Adenauer oder Robert Schuman erschienen, beim März-Gipfel 2013 konnten sich die Teilnehmer nicht einmal auf einen gemeinsamen Haushalt für den Zeitraum von 2014 bis 2020 einigen. Man habe zwar bei der Bewältigung der Krise »große Hindernisse überwunden«, resümierte Ratspräsident Van Rompuy gleich zu Beginn des Treffens. Doch hätten diese Ergebnisse »noch nicht zu stärkerem Wachstum und mehr Jobs« geführt. Fortan müsse man wirtschaftliche Turbulenzen vermeiden, gesunde Staatshaushalte sichern, Arbeitslosigkeit bekämpfen und langfristiges Wachstum fördern – alles gleichzeitig, alles wie gehabt.

Ich wunderte mich, dass niemand aufstand und fragte: »Und was habt ihr bis jetzt getan? ›Mensch ärgere dich nicht‹ gespielt?«

Das einzige nachhaltige Wunder, das man der EU gutschreiben muss, ist die wundersame Vermehrung ihres Personals auf inzwischen, wie schon erwähnt, fast 50 000 Beamte, von denen jeder zweite für die Kommission arbeitet. Nach Berechnungen der »Welt am Sonntag« bezogen im Jahre 2012 genau 4365 Beamte ein Einkommen, das höher war als das der deutschen Kanzlerin – dank großzügiger Grundgehälter, einer milden Besteuerung und steuerfreier Zulagen. »Der Beamtendienst der EU ist der bestbezahlte in Europa«, erklärte der Präsident des deutschen Bundes der Steuerzahler. »Selbst gegenüber der deutschen Beamtenschaft leben EU-Beamte in einem Schlaraffenland.« Die Leitungsebene der EU zeigte sich empört, es gebe viel weniger Spitzenverdiener, außerdem müssten gute Leute auch gut bezahlt werden, sonst würde sich niemand zum Dienst nach Brüssel melden. Sie bestritt aber nicht, dass das reale Nettogehalt vieler EU-Mitarbeiter höher als ihr formales Bruttogehalt ist. Auch dies eine Art Wunder.

Alles Übrige ist eher erstaunlich als wundersam. Nach dem durchschlagenden Erfolg der am 1. September 2012 in Kraft getretenen 14-seitigen Verordnung über die »Gestaltung von Haushaltslampen mit ungebündeltem Licht«, vulgo Energiesparlampe, kam ein Frankfurter Unternehmer auf die Idee, 60-Watt-Birnen in Konservendosen zu verpacken und sie als »Kultur-Reserve« anzubieten, damit sie »im Notfall als letztes klassisches Licht« verwendet werden können. Es dauerte nicht lange, bis er von irgendeiner Frankfurter Behörde abgemahnt wurde und die Aktion abbrach.

Allerdings: Stoßfeste »Speziallampen«, wie sie in der Industrie, im Bergbau unter Tage und auf Schiffen benutzt werden, dürfen weiter angeboten werden – allerdings nur mit dem auf die Packung aufgedruckten Hinweis »Nicht für den Haushalt geeignet«, obwohl sie in die üblichen Fassungen passen.

Sobald sich diese Lücke herumgesprochen hatte, gab die Sprecherin des Energie-Kommissars Oettinger bekannt, »es wäre nicht akzeptabel, diese Lampen in dem gleichen Regal mit LED oder Energiesparlampen für Normalhaushalte zu platzieren«, sie müssten separat ausgelegt werden, wie Narkotika in einer Apotheke. Zugleich forderte sie die Marktüberwachungsbehörden zu Vor-Ort-Kontrollen auf, versicherte aber zugleich, Kunden hätten »keine Konsequenzen« zu befürchten. Wenn es also bei Ihnen demnächst um sieben Uhr morgens zweimal klingelt, dann wird es der Bote von DHL oder UPS mit einem Paket sein, aber nicht der Mitarbeiter einer »Marktüberwachungsbehörde«, bei der ein Nachbar Sie denunziert hat.

Tatsächlich kündigte das Landesamt in Berlin an, gleich sieben neue Stellen für Mitarbeiter der Marktüberwachung zu schaffen. Denn die Arbeitslosigkeit in Berlin ist hoch und das Stellenangebot begrenzt. Insofern war die Verordnung über die »Gestaltung von Haushaltslampen mit ungebündeltem Licht« auch ein Beitrag zur Bekämpfung der Arbeitslosigkeit. Zumindest in Berlin.

Etwa zur gleichen Zeit berichtete die Londoner »Daily Mail« von einer Initiative des »EU-Komitees für Frauenrechte und Geschlechtergleichheit« zur Abschaffung von Unterrichtsmaterialien, die Schülern und Schülerinnen »ein traditionelles Rollenverständnis« vermitteln. Es sei wichtig, Kinder so früh wie möglich dem »Einfluss von Geschlechterstereotypen« zu entziehen. Nur wenige Wochen später gaben einige deutsche Kinderbuchverlage bekannt, sie würden Klassiker wie »Räuber Hotzenplotz« und »Pippi Langstrumpf« dem Zeitgeist entsprechend gendermäßig auf den letzten Stand bringen. In diesem Fall war also nicht einmal eine Verordnung nötig, um eine bescheuerte Idee Wirklichkeit werden zu lassen. Bald können Kinder im kalten Licht von Energiesparlampen Geschichten lesen, in denen Jungen mit Puppen spielen und Mädchen Baumhäuser bauen. Brüssel sei Dank. Man könnte leicht auf die Idee kommen, unter den EU-Kommissaren sei ein Wettbewerb in der Disziplin »Ich hab da was, das du nicht hast« ausgebrochen.

Der EU-Verkehrskommissar Siim Kallas aus Estland legte im Sommer letzten Jahres, also in einer nachrichtenarmen Zeit, einen Plan zur Verbesserung der Verkehrssicherheit in Europa vor. Autos, die älter als sechs Jahre sind, sollten jedes Jahr zur Hauptuntersuchung vorfahren, denn: »Jeden Tag sterben auf europäischen Straßen mehr als fünf Menschen bei Unfällen, die durch technisches Versagen verursacht werden.« Vermutlich sterben jeden Tag in Europa mehr als fünf Menschen bei Unfällen im Haushalt, ohne dass bis jetzt irgendjemand gefordert hätte, die Benutzung von Haushaltsleitern strenger zu reglementieren. Aber: Im Gegensatz zu Haushaltsleitern müssen Autos alle zwei Jahre zum TÜV, zur DEKRA oder einer anderen Prüfstelle. Die Hälfte der 43 Millionen in Deutschland zugelassenen Personenwagen ist älter als sieben Jahre. Würden sie jedes Jahr geprüft werden, kämen die Prüfer, nach Schätzungen des ADAC, auf eine halbe Milliarde Euro Mehreinnahmen. Weswegen TÜV, DEKRA etc. sehr dafür sind, die Intervalle zwischen den »Abnahmen« zu verkürzen, obwohl sich ein Zusammenhang zwischen Unfallhäufigkeit und Alter der Fahrzeuge kaum nachweisen lässt. Selbst die Deutsche Polizeigewerkschaft und der Verkehrsminister sagen, es gebe keinen Nachweis, »dass von älteren Autos ein höheres Unfallrisiko ausgeht«. Aber immerhin hat die EU schon die Einführung des Biosprits und die Schaffung von Umweltzonen durchgesetzt, wobei die Datenlage auch nicht besser war.

Es geht bei allen diesen Projekten vor allem darum, Europa gleichzuschalten. Ein Bekenntnis zur EU und eine europäische Identität sollen auf dem Verwaltungswege von oben erzwungen werden. Indem wir beispielsweise alle die gleichen, Wasser sparenden Duschköpfe und Wasserhähne benutzen, obwohl Wasser, falls überhaupt, nur im Süden des Kontinents zeitweise knapp ist. Ein »Arbeitsplan« der EU-Kommission zählt sieben Produktgruppen auf, deren »Ressourceneffizienz« verbessert werden soll. Dazu gehören neben Badezimmerarmaturen auch Fenster, Stromkabel und Weinkühlschränke. Aus Gründen, die ich weder zu verstehen noch zu erklären in der Lage bin, kann die Kommission in diesem Bereich machen, was sie will. Ein »ressourceneffizientes Europa« gehört zu den Zielen, die sie sich selbst gesetzt hat. Das EU-Parlament hat kein Mitsprache- und kein Einspruchsrecht. »Die Ökodesign-Richtlinie ist ein Musterstück aus Planwirtschaft und politischem Dirigismus. Mit ihrem Arbeitsplan betreten EU-Beamte bereits das Badezimmer der Bürger«, sagt der FDP-Europaabgeordnete Holger Krahmer aus Leipzig.

Geht es bei einer dieser »Reformen« mal nicht um Ressourceneffizienz und Umweltschutz, also jene höheren Werte, die an die Stelle von Barmherzigkeit und Nächstenliebe getreten sind, dann müssen europäische Vorschriften vereinheitlicht werden – aus einem einzigen unanfechtbaren Grund: um die in Europa geltenden Vorschriften zu vereinheitlichen.

Dafür sind gleich mehrere Kommissare zuständig, unter anderem der Kommissar für den Binnenmarkt, Michel Barnier aus Frankreich. Er droht der Bundesrepublik mit Sanktionen, falls sie sich weigert, den Online-Glücksspielmarkt den EU-Regelungen anzupassen. Der Markt soll nicht nur liberalisiert, sondern auch für private Anbieter geöffnet werden, weil die Europa-Idee so lange nicht realisiert werden kann, wie nicht jeder Europäer die Gelegenheit bekommt, online Poker oder Black Jack zu spielen. Sie ahnen schon, warum. Ebenso wie bei den Glühbirnen und den Badezimmerarmaturen ist der Online-Wettmarkt eine Wachstumsindustrie, die leider nichts herstellt, aber von einem Niedrigsteuerland aus gut betrieben werden kann. Im Jahre 2011 lagen die Umsätze bei neun Milliarden Euro, 2015 sollen es schon 13 Milliarden sein. Und dabei dürfen in Deutschland bis jetzt nur Sportwetten online abgeschlossen werden. Ob in der wild wuchernden EU-Bürokratie tatsächlich jemand glaubt, man könne sich mit derart gewinnträchtigen »Homogenisierungen« gegenüber dem Bürger legitimieren?

Nach einem Urteil des Europäischen Gerichtshofs dürfen die Tschechen ihre Streichbutter (»Pomazankove maslo«) nicht mehr »Maslo« nennen, weil die nur 30 Prozent Milchfett enthält, während »richtige« Butter mindestens 80 Prozent Milchfett enthalten muss. Die tschechische Spezialität, die oft mit Schnittlauch, Meerrettich oder Paprika angereichert wird, ist nicht gesundheitsschädlich, sie entspricht nur nicht der EU-Norm. Jetzt müssen sich die Tschechen für ihr Produkt einen neuen Namen ausdenken. Es darf jedenfalls nicht mehr »Maslo« heißen, derweil ich mich frage, wann es dem Leberkäse an den Kragen geht, weil er in der Regel weder Leber noch Käse enthält.

Alle diese Durchgriffe und Maßnahmen widersprechen dem »Subsidiaritätsprinzip«, zu dessen Einhaltung sich die EU verpflichtet hat. Das heißt, Aufgaben, die auf nationaler Ebene erledigt werden können, sollen auf nationaler Ebene erledigt werden. Aber das würde der Natur eines Apparates zuwiderlaufen, der ein natürliches Interesse an der Erweiterung seiner Zuständigkeiten hat. So wie Armutsforscher davon leben, dass sie die Armut erforschen – und desto mehr Mittel zur Verfügung haben, je mehr Armut es gibt oder sich definieren lässt – und nicht etwa bei ihrer Abschaffung helfen, so lebt die EU davon, dass sie die Probleme zu lösen vorgibt, die sie selbst geschaffen hat oder als solche definiert. Oder Kuren für eingebildete Krankheiten verschreibt.

Im Herbst 2012 wurde eine »Richtlinie« bekannt, die Viviane Reding, die Justizkommissarin, ausgearbeitet hatte. Bis zum 1. Januar 2020 sollten 40 Prozent aller Aufsichtsräte weiblich sein. Der Plan kam mit einem Katalog von Sanktionen daher. Sollten die betroffenen Unternehmen die Vorgaben nicht einhalten, müssten sie mit Bußgeldern, dem Entzug staatlicher Subventionen und Ausschluss von öffentlichen Ausschreibungen rechnen.

Was sich nach einem Erdbeben um die Ecke anhörte, war nicht einmal ein leises Hufescharren in weiter Ferne. Zum einen sollte die Regelung nicht für Vorstände, sondern nur für Aufsichtsräte gelten, deren Funktion sich bisher im Wesentlichen darauf beschränkt, die Geschäftsberichte der Vorstände entgegenzunehmen und abzutauchen, wenn es kritisch oder turbulent wird.

Zum anderen waren börsennotierte Familienunternehmen mit weniger als 250 Mitarbeitern oder weniger als 50 Millionen Euro Jahresumsatz von der Regelung ausgenommen. Damit war die Zahl der in Frage kommenden Firmen sehr überschaubar geworden. Dennoch wurde die mehr als symbolische Initiative der Justizkommissarin in den Medien als »Durchbruch« gefeiert, ein Ende der Männerherrschaft auf der Kommandobrücke der Gesellschaft, der Wirtschaft. Nicht einmal ein halbes Jahr später, Anfang März 2013, bekam die Ständige Vertretung der Bundesrepublik bei der EU die Order, die geplante Regelung zu stoppen. Die Kanzlerin persönlich hatte auf die Bremse getreten. Worüber demnächst in Brüssel verhandelt werden muss, ist die Art, wie die Frauenquote zu Grabe getragen werden soll: feierlich oder eher informell. Es dürfte auf eine Beisetzung im engsten Familienkreise hinauslaufen.

Übrig bleiben ein paar eher technische Fragen: Wie viele hochrangige und hochbezahlte Beamte waren mit der Ausarbeitung der Frauenquoten-Regelung beschäftigt? Wie viele Tage, Wochen, Monate haben sie nachgedacht, diskutiert, um die richtigen Worte gerungen, sich mit Experten beraten, Vorlagen entworfen, an ihnen geschliffen und gefeilt, alles im gnadenlos kalten Licht von Energiesparlampen? Wie viele freie Abende haben sie geopfert? Wie viele Frauen- und Kinderherzen gebrochen, weil sie Verabredungen und Versprechen nicht eingehalten haben? Wie viel CO_2 produziert? Welche Firma könnte sich eine solche Vergeudung an Ressourcen leisten?

Gilbert Keith Chesterton hatte recht: Seit die Menschen nicht mehr wissen, womit sie sich beschäftigen sollen, machen sie nicht Nichts, sie machen allen möglichen Unsinn.

12. Wir für Europa

Und jetzt stellen Sie sich einmal vor, Sie sind auf einer Party. Nichts Besonderes, Ihre Nachbarn feiern ihren zehnten Hochzeitstag. Oder das Abitur der ältesten Tochter. Oder den dritten Sonntag hintereinander ohne eine Talkshow mit Claudia Roth. Man steht ungezwungen herum, unterhält sich über dies und das, plaudert von Hü nach Hott und greift nach neuseeländischen Cherry-Tomaten aus dem Bioladen um die Ecke. Sie überlegen gerade, ob Sie der Hausfrau ein Kompliment machen sollen – »Verraten Sie mir, wo Sie diesen wunderbaren Zarafa Pinotage Rosé gekauft haben?« –, da hören Sie, wie sich hinter Ihnen drei Gäste darüber unterhalten, ob zwei mal zwei immer und zwangsläufig vier ergibt, ob es nicht mal auch fünf oder sogar sechs sein könnte, je nachdem, woher die eine oder die andere Zwei kommt und welche Algorithmen zur Anwendung kommen.

Sie denken einen Moment: »Die spielen eine Nummer aus dem neuen Programm von Cindy aus Marzahn nach«, dann drehen Sie sich langsam um und sehen: Es sind drei Lehrer der Schule, die auch Ihre zwei Kinder besuchen. Ein Mathematiker, ein Sozialkundelehrer und ein Deutschlehrer. Der Deutschlehrer sagt, zwei mal zwei sei immer vier, der Sozialkundelehrer sagt, es komme auf das Milieu an, und der Mathematiker sagt, die Sache mit den Primzahlen sei doch viel spannender. Sie verfolgen diese Unterhaltung aus einem gewissen Sicherheitsabstand, dann gehen Sie langsam in die andere Ecke des edel und geschmackvoll, aber nicht protzig eingerichteten Wohnzimmers und stellen sich zu einer Gruppe von Damen, die sich über die letzte Folge aus der Serie »Desperate Housewives« unterhalten. Ja, das ist ein Thema, bei dem Sie mitreden können, denn Sie haben fast alle Folgen gesehen und wissen, dass Lynette eine Supermutter, Bree ein Kontrollfreak, Susan eine Versagerin, Gabrielle eine Schlampe und Edie eine Nymphomanin ist. Da kennen Sie sich aus, da kann Ihnen keiner eine Vier für eine Fünf vormachen. Aber die Sache mit den Lehrern geht Ihnen nicht aus dem Kopf.

Daheim angekommen, gehen Sie online, surfen ein wenig und stolpern über eine Geschichte, die ganz anders dimensioniert ist, aber grundsätzlich dieselbe Frage behandelt: Wie viel ist zwei mal zwei? Oder: »Wie die Europäische Zentralbank die Deutschen arm gerechnet hat.« Laut einer EZB-Studie liegen die Deutschen, was das mittlere Vermögen der Haushalte angeht, an letzter Stelle der 17 Euro-Länder. Wir haben das Thema schon in Kapitel 10 kurz behandelt; Sie erinnern sich? Platz eins halten die Luxemburger, gefolgt von Zypern und Spanien.

Glaubt man dieser EZB-Statistik, ist Deutschland das ärmste Land der Euro-Zone und die Slowakei das zweitärmste. Das kann doch nicht sein, sagt Ihnen eine innere Stimme, andererseits sind Sie sich sicher, dass bei der EZB keine Eckensteher und Flaneure arbeiten, sondern Ökonomen: Betriebswirte, Finanzwirte, Volkswirte, die nicht auf der Buena-Vista-Social-Club Universität in Havanna, sondern in Harvard, St. Gallen und an der London School of Economics studiert haben. Wenn die also sagen, Deutschland sei das ärmste Land der Euro-Zone, dann muss etwas dran sein.

Von wegen. Die Geschichte, die Sie online gefunden haben, wurde nicht von einem Superhirn der EZB geschrieben, sondern von einem Wirtschaftsjournalisten, der für die »Welt« arbeitet. Er erklärt Ihnen auf eine einfache und verständliche Art den Unterschied zwischen dem Bruttoinlandsprodukt (BIP) und dem Bruttosozialprodukt (BSP). Klingt ähnlich, ist aber etwas anderes. So wie Hubraum und PS bei einem Auto. Ein großer Hubraum bedeutet nicht automatisch viele Pferdestärken und umgekehrt.

Zypern wurde von der EZB reich gerechnet, indem bei der Berechnung des mittleren Vermögens der Haushalte auch die Vermögen der auf Zypern residierenden Briten und Russen berücksichtigt wurden. Deutschland wurde arm gerechnet, indem das beträchtliche deutsche Anlagen- und Immobilienvermögen im Ausland außer Acht gelassen wurde. So kommt es, Sie erinnern sich, dass zum Beispiel »die Ferienhäuser vermögender Deutscher auf Mallorca dem spanischen, nicht jedoch dem deutschen Vermögen zugerechnet« wurden. Beziehungsweise umgekehrt: »Je besser es den Deutschen geht und je mehr Immobilien sie sich deswegen im Ausland leisten können, umso tiefer sinken sie in der Rangliste der EZB.« Jeder Euro, den die Deutschen nach Luxemburg oder Zypern überweisen, verringert nominell das deutsche Vermögen und bläht das der Luxemburger und Zyprer auf. Mit »arm« oder »reich« im eigentlichen Sinne des Wortes hat das nichts zu tun.

Dass die Bundesrepublik kein armes Land ist, sagt Ihnen schon ein Blick aus dem Fenster. Die Infrastruktur ist immer noch mehr als ordentlich, die Müllabfuhr kommt pünktlich, die Restaurants sind gut besucht, in den so genannten »sozialen Brennpunkten« stehen Sozialpädagogen alleinerziehenden Müttern bei, die sich nicht mehr erinnern können, wo die Väter ihrer Kinder abgeblieben sind; und wenn Sie jemanden sehen, der in Mülltonnen nach etwas Essbarem sucht, dann kann es nur ein »Tatort« von Radio Bremen oder eine »Kulturzeit«-Reportage aus Indien sein. Aber wer traut sich schon, dem eigenen Augenschein mehr zu glauben als den Fachleuten der Europäischen Zentralbank, die uns allen Ernstes klarmachen wollen, Deutschland sei im Vergleich zu Zypern ein armes Land. Wenn Sie das glauben, dann glauben Sie auch, dass zwei mal zwei nicht unbedingt vier ergeben muss.

Kann man es solchen Experten abnehmen, dass sie in der Lage sind, den Kurs des Euro zu beeinflussen oder gar zu steuern? Oder sonst etwas, das »die Märkte« durcheinanderwirbelt? War nur eine rhetorische Frage. Kann man natürlich nicht. Die Experten selber wissen es auch nicht, aber von diesem Nichtwissen sollen Sie nichts erfahren. Deswegen werden Sie jeden Tag mit neuen Analysen, Expertisen – gerne auch widersprüchlichen –, Nachhersagen, Binsenweisheiten etc. überschüttet, die alle nur einem Ziel dienen: Sie zu beruhigen oder besser gesagt: ruhigzustellen, so wie ein hyperaktives Kind mit Ritalin ruhiggestellt wird.

Der Goldpreis stürzt innerhalb weniger Stunden dramatisch ab? War einfach überfällig. Der Dax bricht ein und 17 Milliarden Euro Börsenwerte lösen sich in Luft auf? Es muss an einem Gerücht über eine bevorstehende Abstufung der deutschen Bonität durch eine Ratingagentur gelegen haben. Der Dax durchbricht wieder die 8000er-Marke. War doch klar, das Vertrauen in Europa ist zurück. Die Bundesregierung rechnet mit Überschüssen im Haushalt ab 2016? Gerade darin liegt eine Gefahr. Die europäischen Volkswirtschaften wachsen bereits 2013, nein erst 2014 wieder, dann aber kräftiger als bisher angenommen. Nach der dritten Meldung dieser Art an einem Tag geben Sie auf und widmen sich lieber der Frage, ob Sie von Butter auf Margarine umsteigen sollen oder umgekehrt. Auch darüber gehen die Meinungen auseinander.

Die Älteren unter Ihnen, also die über 50-Jährigen, werden sich vielleicht noch an die Zeit erinnern, als die DDR zu den wichtigsten »Industrienationen« der Welt gezählt wurde. Es gab sogar Ökonomen, die behaupteten, die DDR würde in der Rangliste der Industrienationen den siebten Platz belegen. Mit einer Mischung aus Betrug und Selbstbetrug, Rhetorik und Repression nährte die Führung der DDR solche Illusionen und produzierte ständig neue. Zum Beispiel das Märchen von der DDR als dem beliebtesten Reiseland in Europa. Tatsächlich kamen im Verhältnis zur Bevölkerung mehr Besucher in die DDR als in jedes andere europäische Land – Liechtenstein, den Vatikan und San Marino ausgenommen. Das gelang aber nur, wenn man die Transitreisenden zählte, die über die »Interzonenverbindungen« aus der Bundesrepublik in die »selbständige politische Einheit Westberlin« fuhren und umgekehrt. Die Zahl der bei Ein- und Ausreise an den Kontrollpunkten gestempelten Visa war in der Tat gigantisch.

Nicht jede Statistik erfüllt den Tatbestand des Betrugs. Aber jeder Betrug basiert auf einer Statistik. Vollkommen marode Systeme wie die Sowjetunion schleppten sich von einer Krise zur nächsten, während sie immer neue Rekordernten und übererfüllte Produktionspläne bekannt gaben. Es ist nur eine Frage der Zeit, bis solche Systeme kollabieren, aber der Zeitpunkt lässt sich eben nicht vorhersagen.

Es gibt freilich zwei Indikatoren für den Moment, ab dem es gefährlich wird: Wenn die Verantwortlichen anfangen, ihre eigene Propaganda für bare Münze zu nehmen, und wenn die Suche nach Sündenböcken losgeht, noch bevor der Ernstfall eingetreten ist. Diesen Moment haben wir erreicht.

Ende 2012, kurz vor Weihnachten, gab Wolfgang Schäuble der »Frankfurter Allgemeinen Sonntagszeitung« ein Interview, in dem er sich für die Direktwahl eines Präsidenten für Europa aussprach. »...so wie in Frankreich und Amerika. Wenn wir Europäer einen von uns direkt zum Präsidenten machen könnten, in einer demokratischen Wahl, das wäre doch was, meine ich!«

Ja, das wäre was! Vor allem wenn es »einen von uns« ganz nach oben katapultieren würde. Einen von uns 500 Millionen Europäern? Oder einen von uns aus der Brüsseler Nomenklatura?

Sehen wir Schäuble den kleinen Fehler nach, dass der US-Präsident mitnichten direkt gewählt wird. Auf solche Petitessen kommt es nicht an, wenn man es sich zum Ziel gesetzt hat, eine »europäische Öffentlichkeit« herzustellen, eine Absichtserklärung, die immerhin das Eingeständnis enthält, dass es bis jetzt keine »europäische Öffentlichkeit«

gegeben hat. Davon abgesehen stelle ich mir die Direktwahl eines europäischen Präsidenten ziemlich lustig vor. Natürlich müssten sich die Europäer zuerst über die Modalitäten einigen. So wie in Frankreich, mit mehreren Kandidaten, einer ersten Wahl und einer Stichwahl? Oder so wie in Amerika, mit praktisch zwei Kandidaten und Wahlmännern und nach dem Prinzip »The winner takes all«? Sollte jeder Europäer eine Stimme haben – one man, one vote –, oder müsste man den kleineren Ländern proportional mehr Stimmen einräumen, damit sie nicht automatisch von den größeren niedergestimmt werden können? Allein die Klärung dieser Fragen würde länger dauern als die Entwicklung und Produktion einer Euro-Soap für den von Bundespräsident Gauck vorgeschlagenen Euro-TV-Sender.

Und dann der Wahlkampf! Es wäre so aufregend, einen finnischen Kandidaten bei einem Auftritt in Kalabrien zu erleben! Oder einen Polen in Portugal als Teilnehmer bei einem Fado-Karaoke-Contest! Auch darüber würde der Euro-TV-Sender ausführlich und ausgewogen berichten.

So hat es Schäuble vermutlich nicht gemeint. Und wir werden nie erfahren, wie er es gemeint hat, denn erstens hat den Vorschlag niemand aufgegriffen und zweitens hat Schäuble nur so vor hin geschwäbelt, wie er es öfter tut, wenn er Tatkraft simuliert. Wir sind noch einmal davongekommen.

Es war freilich nicht der erste Heißluftballon, dem die Luft ausgegangen ist, noch bevor er abgehoben hat. Im Februar 2012 verabschiedete das Bundeskabinett ein »Strategiepapier« mit dem Titel »Europakommunikation 2012«. Angeregt hatte es Bundesaußenminister Guido Westerwelle, der wie viele in seinem Gewerbe überzeugt ist, dass es keine schlechte Politik gibt, sondern dass sie nur nicht gut genug »kommuniziert« wird. So wie es bei vielen Fertigprodukten nicht auf den Inhalt, sondern auf die Verpackung ankommt. Auch in dem Strategiepapier ging es darum, wie man das angeschlagene Europa-Image wieder auf Hochglanz bringen könnte.

»Wir dürfen nicht zulassen, dass die Fliehkräfte, die derzeit auf Europa wirken, die Union auseinanderfliegen lassen«, sagte Westerwelle in einem Interview mit der »Welt«, wobei er nicht mit Selbstlob sparte: »Es gibt zum Glück zahlreiche verantwortliche Politiker, die sich wie ich mit Kraft dem Geist der Renationalisierung entgegenstellen.«

Was war passiert? Hatte Westerwelle seinen deutschen Pass zurückgegeben und sich zu einem Weltbürger erklärt? Drückte er der deutschen Fußballnationalmannschaft bei Auswärtsspielen nicht mehr die Daumen? Achtete er beim Einkauf darauf, dass nichts »Made in Germany« ins Körbchen kam? Oder hatte Bushido bei einer Gala zugunsten der Aktion Mensch alle drei Strophen des Deutschlandliedes gesungen? Wo war denn der »Geist der Renationalisierung« zu spüren, dem sich der deutsche Außenminister »mit Kraft« entgegenstellte?

Ein halbes Jahr später, im August 2012, kündigte das Auswärtige Amt einen wichtigen Termin an. Fünf der sechs noch lebenden deutschen Außenminister – Genscher, Kinkel, Fischer, Steinmeier und Westerwelle – würden mit einem gemeinsamen Auftritt für den Slogan »Wir für Europa« werben. Nur Walter Scheel sei aus gesundheitlichen Gründen verhindert, an dem Event teilzunehmen.

Dann musste Frank-Walter Steinmeier kurzfristig absagen, nachdem sein Vater gestorben war. Blieben also noch drei ehemalige und ein amtierender Außenminister. Doch plötzlich und überraschend sprang auch Joschka Fischer ab. Er habe »mit allergrößter Verwunderung« zur Kenntnis nehmen müssen, dass die »ursprünglich begrüßenswerte Initiative von Stiftungen vom Ministerbüro des Auswärtigen Amtes gekapert« worden sei. Anfangs sei es »um eine Kampagne für Europa gegangen, jetzt soll es eine Kampagne für Westerwelle werden – dafür mangelt es mir an Glaubwürdigkeit«. Womit Fischer auf die ihm eigene zurückhaltende Art andeuten wollte, dass er nicht zu den Freunden und Förderern von Guido Westerwelle gehört.

Was würde nun aus der Botschaft werden, die bei dem Termin der Außenminister verkündet werden sollte? »Europa ist mehr als Binnenmarkt und eine Währung. Europa ist eine Kulturgemeinschaft, ein Lebensmodell, das in der Welt erkennbar sein und sich behaupten muss.« Da kann man Westerwelle wirklich nicht widersprechen. Europa ist mehr als ein Binnenmarkt und eine Währung, es ist ein Jahrmarkt der Eitelkeiten, auf dem große Egos mit noch größeren Egos um die Wette Phrasen dreschen. Kulturgemeinschaft, Lebensmodell... Die »Renationalisierung«, der sich Westerwelle auf der nationalen Ebene mit Kraft entgegenstellt, findet inzwischen auf der Europa-Ebene statt, denn weder Dummheit noch Nationalismus machen an Grenzen halt. Noch ist niemand auf die Idee gekommen, die Parole »Europa, Europa über alles« über dem Europaparlament aufzuziehen, aber von der Kulturgemeinschaft und dem Lebensmodell, die sich in der Welt behaupten müssen, ist es nicht mehr weit zu einer Notgemeinschaft, die um jeden Preis zusammengehalten werden muss, damit die »Fliehkräfte« nicht den Sieg davontragen.

Man kann es auch so sagen: Die vielen nationalen Teufelchen sollen durch einen supranationalen Beelzebub ersetzt werden. Der ehemalige Chef-Volkswirt der Deutschen Bank, Thomas Mayer, spricht von der »Errichtung eines Euro-Schattenstaats hinter dem Rücken der Bürger, wobei die Verfassung dieses Schattenstaats in Zwischenregierungsverträgen verankert ist«. Dieser Schattenstaat habe eine Regierung, den Europäischen Rat, eine Exekutive, die Eurogruppe, und eine mobile Einsatzgruppe, die Taskforce, auch Troika genannt. Auffällig an dieser Überlegung ist, dass in ihr weder die Kommission noch das EU-Parlament eine Rolle spielen, was darauf hindeutet, dass innerhalb des »Schattenstaates« Regeln gelten, die man nur mit der Straßenverkehrsordnung im Hades vergleichen kann.

Sogar unserem Europafreund Martin Schulz, droht der Dauer-Optimismus langsam auszugehen. Ein Ende des Euro oder gar der EU würde katastrophale Folgen nach sich ziehen: »Der europäische Binnenmarkt könnte zerfallen, die Arbeitslosigkeit weiter steigen, Europas Staaten wären den USA oder Schwellenländern wie China hoffnungslos unterlegen, während von innen ein neuer Rechtspopulismus droht«, heißt es im Klappentext seines Europabuches »Der gefesselte Riese«.

Schulz räumt ein, dass »ein Teil der selbsternannten europäischen Elite versagt hat«, wobei er »Spekulanten« nennt, »die der Gier verfallen sind«, Banken und Unternehmen, denen es nicht um »langfristiges und nachhaltiges

Wachstum geht, sondern um den schnellen und exorbitanten Gewinn«, aber auch »Politiker, die vor allem auf den nächsten Wahltermin schielen und sich nicht um die Tragweite ihres Handelns kümmern« – also alle außer Martin Schulz. Würde er sich selbst einbeziehen, hätte er Recht. Er müsste nur noch eingestehen, dass es Politiker wie er waren und sind, die mit ihren unbezahlbaren Visionen die Finanzmärkte zu ihrer Casino-Politik erst eingeladen haben. Und jetzt schauen sie zu, wie die EZB immer billigeres Geld zur Verfügung stellt, dass es einem ganz schwindlig wird vor lauter Nullen.

Die eigentlichen Schuldigen an einem drohenden Zerfall Europas aber sind für Schulz »diejenigen, die es besser wissen müssten«, die »schlecht und unwahr über die EU sprechen«. Er nennt das ein »Blame game«, das »Schuld-Spiel«. Und diejenigen, die sich daran beteiligen, haben nur ein Ziel: »Europa zu diffamieren, seine Institutionen lächerlich zu machen und seine Repräsentanten als Deppen darzustellen, um die nationalen Politiker möglichst gut aussehen zu lassen.« Es liegt, mal wieder, nicht an den schlechten Nachrichten, sondern an dem Boten, der sie überbringt. Woran erinnert uns das? Richtig! An die »Nörgler, Querulanten und Kritikaster«, die aus Spaß an der Freud gute Ideen schlechtreden. An die Dolchstoßlegende, mit der die deutsche Niederlage im Ersten Weltkrieg erklärt wurde. An die »heimatlosen Gesellen«, die keine andere Loyalität kennen als die zu sich selbst. An die »zersetzenden Elemente«, die im Dritten Reich das Wohl des Volkes gefährdeten, an die »subversiven Elemente« und die »feindlich-negativen Kräfte«, die in der DDR der vollen Entfaltung des Sozialismus im Wege standen. An den »Klassenfeind«, der für alles, das in der Sowjetunion schiefging, verantwortlich war. An die »Pinscher, Uhus und Banausen«, die zur Zeit von Ludwig Erhard ihr Unwesen trieben, an die »Ratten und Schmeißfliegen«, die Franz Josef Strauß überallhin verfolgten, an die »Heuschrecken«, wie Franz Müntefering Investoren betitelte, die »keinen Gedanken an die Menschen (verschwenden), deren Arbeitsplätze sie vernichten«. – So betrachtet, setzt Schulz mit seinem »Blame game« eine alte Tradition fort.

Kein Wunder, dass Europakritiker und Europaskeptiker wie der ehemalige tschechische Präsident Václav Klaus, der deutsche EU-Abgeordnete Holger Krahmer und der britische Europapolitiker Daniel Hannan inzwischen »Dissidenten« genannt werden. Als Nächstes wird man sie der Ketzerei anklagen. Dann wissen wir, was die Stunde geschlagen hat. Es werden keine Scheiterhaufen errichtet werden, denn das wäre ökologisch nicht vertretbar. Aber man könnte die Ketzer im Lichte von Energiesparlampen an einen Pranger stellen und sie so lange mit Bio-Äpfeln aus regionalem Anbau bewerfen, bis sie ihre Sünden gestehen und auf allen vieren nach Brüssel kriechen.

13. Gelegenheit macht Diebe

Eines der Argumente, das für die »Ausweitung« und »Vertiefung« der EU-Zone immer wieder ins Feld geführt wird, lautet: Mit dem Verzicht auf einen Teil der nationalen Souveränität beziehungsweise der Übertragung derselben auf eine übernationale Institution nehme die Gefahr von nationalstaatlichen Abenteuern und Alleingängen ab.

Was mich angeht, so halte ich »nationale Souveränität« für kein Gut, das ich unter Einsatz meines Lebens verteidigen würde. Es ist mir egal, ob ich von einem deutschen oder einem französischen oder europäischen Polizisten angehalten werde, oder ob ich von einem deutschen, einem holländischen oder einem europäischen Finanzamt ausgeraubt werde. Was ich vom Staat erwarte, ist nicht allzu viel: eine verlässliche Müllabfuhr, ein intaktes und unabhängiges Justizwesen, ein Erziehungssystem, das jedem eine faire Chance gibt, ohne das Leistungsprinzip aufzuheben, Kontrolle über das Gewaltmonopol und irgendeine Stelle, die sich um den Erhalt und den Ausbau der Infrastruktur kümmert: Straßenbau, Verkehrswesen, Luftraumüberwachung, Internet. Das wäre im Prinzip alles.

Wenn mir also die »nationale Souveränität« nicht allzu viel bedeutet, dann ist es mir auch kein Anliegen, Teile dieser nationalen Souveränität auszulagern. Das ist kein Fortschritt, es ist nur eine Kompetenzumverteilung. Irgendjemand muss am Ende den Job erledigen, für den ich meine Gebühren bezahle. Wer es ist, ist mir egal, so wie es mir egal ist, ob der Wirt vom »Fährhaus« in Caputh bei Potsdam Deutscher, Pole oder Afghane ist, solange keine Kakerlaken durch die Küche laufen. Im Übrigen stimmt es nicht, dass die Einbindung in eine übernationale Institution nationalstaatlichen Abenteuern vorbeugen könnte. Das gilt allenfalls für zwischenstaatliche Konflikte, wobei ein Wiederaufflammen der deutsch-französischen Erzfeindschaft extrem unwahrscheinlich ist. Was die »inneren Verhältnisse« angeht, hat sich wenig geändert. Die EU ist zwar in der Lage, den Tschechen vorzuschreiben, welche Art von Brotaufstrich sie als »Maslo« bezeichnen dürfen, sie ist aber nicht in der Lage, faschistischen und antisemitischen Parteien die Teilnahme an den Wahlen in Ungarn zu verbieten. Alles, was sie kann, ist, die Lage in Ungarn »mit Sorge« zu beobachten.

Deswegen ist das Gerede, ein starkes Europa sei das beste Gegengift gegen die »Renationalisierung«, wie es Guido Westerwelle sagt, eben nur Gerede. Das Gegenteil ist der Fall. Wie wir gesehen haben, ist das Bekenntnis zu Europa eine wohlfeile Möglichkeit, sich als Meta-Nationalist zu gebärden, ohne in den Verdacht zu geraten, einer zu sein.

Der von mir als Prototyp des linken Salonkommunisten mit Millionärshintergrund so geschätzte Jakob Augstein hat vor kurzem in einem Interview Folgendes gesagt:

»Der Euro ist meiner Meinung nach das Wichtigste, was wir alle im politischen Raum jemals erlebt haben, bisher, ich glaube, dass das die größte und wichtigste Errungenschaft, das bedeutendste Ereignis ist, das wir alle erlebt haben, ich halte es auch für wichtiger, auch für uns, als die deutsche Einheit, ist der Euro, weil sozusagen die Einigung, die sich da vollzieht, viel, viel größer ist als nur die deutsche Einheit, das ist eben die Einheit Europas...«

Interviewer: »...durch die Währung?«

»Ja, durch die Währung, na klar, es gibt da diese zwei Schulen, die einen sagen, es fängt mit der Währung an, und der Rest kommt dann später, die anderen sagen, die Währung kann erst kommen, wenn der Rest schon da ist, Krönungs- und Grundsteintheorie, ich glaube, diese Idee fängt mit der Währung an und daraus entwickelt sich die politische Einheit, das war immer die französische Idee, die Franzosen haben es so gesagt, ich glaube, dass es richtig ist, das stimmt, man muss es nur richtig machen, man muss es nur wollen.«

Das Interview wurde in einem Berliner Lokal aufgenommen, in dem ein »Menu du jour« (Tagesgericht) 44,50 Euro kostet. Augstein ist viel zu progressiv und viel zu links, um einem deutschen Nationalismus das Wort zu reden. Aber die einerseits erhabenen, andererseits höchst verpönten Gefühle brauchen einen aseptischen Raum, in dem sie sich entfalten können. So wie Vegetarier von Fleisch, Abstinenzler von Alkohol und Zölibatäre von Sex träumen, so träumen Deutsche auf Entzug von der »Einheit Europas« – als Ersatz für den Traum von der nationalen Größe. Dass in einem vereinten Europa die Deutschen weitgehend den Ton angeben, macht den Traum nur umso schöner. Einerseits soll Europa nationalistische Höhenflüge verhindern, andererseits ist es der Heißluftballon, der Euro-Nationalisten zum Abheben einlädt.

Mit diesem Widerspruch lässt sich vieles erklären, was in Brüssel passiert. Die Grundlage des Fundaments ist eine Mischung aus Größenwahn und Impotenz. Badewannenkapitäne stellen die Schlacht von Trafalgar nach. Seifenkistenchampions melden sich zu Formel-1-Rennen an. Pyromanen spielen mit Streichhölzern. Während die Arbeitslosigkeit in den Ländern der Euro-Zone steigt und steigt – Anfang 2013 lag sie bei 12 Prozent –, können sich die Regierungschefs und Finanzminister der EU nicht auf ein Budget für die Zeit von 2014 bis 2020 einigen, weil zu viele Partikularinteressen berücksichtigt werden müssen. Dabei läuft die europäische Umverteilungsmaschine auf Hochtouren, sie nimmt mit der einen Hand ein und gibt mit der anderen Hand aus: 373 Milliarden Euro für die Landwirtschaft, 325 Milliarden Euro zur Förderung der Umwelt und für die Integration der transeuropäischen Verkehrsnetze, 126 Milliarden für die Förderung des Wettbewerbs und des Wachstums und 62 Milliarden für die Kosten der eigenen Verwaltung. Die Zahlen sind dermaßen atemberaubend, dass sogar der Haushaltskommissar die Übersicht verliert. Ende März stellte er fest, im EU-Haushalt für das laufende Jahr würde ein Loch von 11 Milliarden Euro klaffen, offene Rechnungen aus 2012 und 2013 könnten nicht beglichen werden. Angesichts solcher Betriebsunfälle sind alle mittel- und langfristigen Planungen nichts als unverbindliche Absichtserklärungen mit kurzem Verfallsdatum.

Ich will nicht behaupten, das ganze Geld würde sinnlos verpulvert. Es ist sicher eine gute Investition für die Zukunft, im Rahmen des Erasmus-Programms jungen Menschen einen Studienaufenthalt im Ausland zu ermöglichen:

Polen in Frankreich, Franzosen in Deutschland, Deutschen in Italien und Italienern in Finnland. Aber viel mehr als das Erasmus-Programm fällt einem nicht ein, wenn man nach positiven Beispielen für den Geldsegen sucht, den die EU ausschüttet.

Die Gegenbeispiele sind weitaus zahlreicher. Allein im Jahre 2011 sind nach Angaben des Europäischen Rechnungshofes fünf Milliarden Euro »fehlerhaft« ausgegeben worden – mindestens. In Spanien und Italien bekamen Landwirte Prämien für Felder, die sie als »Dauergrünland« deklariert hatten. Bei näherem Hinsehen stellte sich heraus, dass es Waldparzellen waren. Aus dem Sozialfonds flossen Gelder für Fortbildungen, deren fiktive Teilnehmer mit ganz anderen Tätigkeiten beschäftigt waren. Beratungsfirmen setzten ihre Personalkosten viel zu hoch an, Universitäten wandten dieselbe Methode bei EU-finanzierten Forschungsprojekten an; allerdings, so der Präsident des Rechnungshofes, könne man nicht generell von Betrugsfällen sprechen. Vielmehr gehe es »um Nicht-Beachtung von Vorschriften«, ein kleiner, aber feiner Unterschied zwischen strafbarem Verhalten und jener Form der Gewinnmaximierung, für die der Volksmund den Satz »Gelegenheit macht Diebe« geprägt hat.

Denn das System lädt geradezu zum Missbrauch ein. Brüssel ist weit, und bevor die Kontrolleure kommen, ist schnell ein Hafen in Sizilien gebaut, der nicht genutzt werden kann, weil die »Anbindung« an das Hinterland fehlt. Oder eine 240 Meter lange Skipiste auf der Insel Bornholm, die 30 Meter Höhendifferenz überwindet. Als die Geschichte in Dänemark bereits für große Heiterkeit sorgte, legte der zuständige EU-Kommissar noch mal nach und förderte den Bau eines Skilifts. Ich wundere mich, dass noch niemand auf die Idee gekommen ist, eine Komödie über das Subventionssystem der EU zu schreiben, nach dem Vorbild der »Producer« von Mel Brooks. Wahrscheinlich gäbe es auch dafür eine Förderung. Und ich wüsste einen Plot: Der Verband der Weihnachtssternproduzenten gibt bei einer Agentur eine Werbekampagne in Auftrag, um den Absatz von Weihnachtssternen europaweit anzukurbeln. Die Aktion soll »Stars for Europe« heißen. Die Agentur ihrerseits stellt bei der EU einen Antrag auf Absatzförderung – und bekommt über eine Million Euro zugeteilt. Und so werden 40 Journalisten aus acht Ländern nach London eingeladen, um bei einem vorweihnachtlichen Zusammensein im Institute of Contemporary Art über den dekorativen Wert von Weihnachtssternen aufgeklärt zu werden.

Sie denken, ich habe mir die Geschichte ausgedacht, nachdem ich ein großes Stück Marmorkuchen in einer Schale voller Bailey's Irish Cream ertränkt habe? Ich wünschte, ich wäre dazu in der Lage. Die Geschichte ist genau so passiert. Auch für die Verfilmung hätte ich ein paar Vorschläge: Armin Mueller-Stahl als der zuständige EU-Kommissar, Max von Thun als der Präsident des Verbandes europäischer Weihnachtssternproduzenten, Natalia Wörner als dessen Frau und Nina Hoss als Geschäftsführerin des Institute of Contemporary Art. Notabene: Das sind keine Fälle aus der Abteilung »Nicht-Beachtung von Vorschriften«, es ist die ganz normale Brüsseler Routine. Und es sind Peanuts. Eine Million hier, ein paar Hunderttausend dort. Unterm Strich nur ein paar Prozent des EU-Haushalts. Wenn es im Laufe von sieben Jahren nur fünf Prozent sein sollten, dann wären es immerhin 50 Milliarden Euro. So viel Umsatz macht die Deutsche Post AG mit über 400 000 Beschäftigten im Jahr.

Aber es wird nicht nur Geld vergeudet, es werden auch »human resources«, wertvolle menschliche Arbeitskraft und Arbeitszeit, gebunden. Vermutlich macht es keinen großen Unterschied, ob ein Projekt mit 100 000 Euro oder mit zehn Millionen Euro gefördert wird, der bürokratische Aufwand ist der gleiche. Oder funktioniert es etwa andersrum? Könnte es sein, dass die Bürokratie nicht ausgelastet ist? Dass sie ständig auf der Suche nach irgendetwas ist, das noch nicht reglementiert wurde, wie eine Hausfrau, die auch unter dem Teppichboden staubsaugen möchte? Einiges spricht dafür. Das EU-Parlament hat einem Antrag des Umweltausschusses zugestimmt, ab 2019 neue Lärmgrenzwerte für Autos einzuführen. So weit, so gut. Allerdings: Für Sportwagen soll der Grenzwert um ein Dezibel höher liegen. Denn was hat man schon von einem Sportwagen, mit dem man nicht einmal einen Kasten Bier transportieren kann, wenn er nicht dröhnt und röhrt? Das ist sehr verbraucherfreundlich gedacht.

Noch verbraucherfreundlicher ist eine Regelung, die im Dezember 2012 in Kraft getreten ist. Seitdem dürfen Lebensmittelhersteller nur noch mit »gesundheitsbezogenen Angaben« werben, wenn diese ausdrücklich von der EU-Kommission zugelassen worden sind. Erlaubt sind genau 222 »gesundheitsbezogene Angaben« über Vitamine, Mineralstoffe und andere Zusätze in Lebensmitteln. Zum Beispiel: Für »zuckerfreien« Kaugummi darf mit der Angabe geworben werden: »Zuckerfreier Kaugummi trägt zur Erhaltung der Zahnmineralisierung bei.« Aber nur mit dem Zusatz, »dass sich die positive Wirkung bei mindestens 20-minütigem Kauen nach dem Essen oder Trinken einstellt«. Seitdem bekommt man beim Kauf von zehn Packungen zuckerfreien Kaugummis eine Stoppuhr dazu.

Eine weitere Regelung soll noch in diesem Jahr irreführende Werbung für Kosmetika aus der Öffentlichkeit verbannen. Eine Hautcreme mit dem Hinweis »48 Stunden Hydration« wäre danach unzulässig, ebenso wie »digital verdichtete Wimpern« in einer Werbung für Wimperntusche. Dabei weiß doch schon der Volksmund, dass »Werbung lügt« und nur »Erfahrung klug macht«.

Bei solcher Liebe zum Detail kann es schon einmal vorkommen, dass etwas Größeres übersehen wird. So haben verurteilte und zum Teil einsitzende Mafiosi jahrelang Agrarbeihilfen aus einem EU-Förderprogramm erhalten. Alles in allem etwa zwei Millionen Euro, also nicht gerade viel, weswegen sich die Vertretung der EU in Italien für nicht zuständig erklärte und darauf hinwies, die Auszahlung der Agrarbeihilfen sei Sache der Mitgliedsstaaten.

Wir sehen, die EU tritt in mindestens drei Rollen gleichzeitig auf. Als Umverteilungsmaschine, die bei der vermeintlichen Angleichung der Lebensbedingungen in Europa das Tempo vorgibt; als Wohlfahrtsausschuss, der den Bürgern sagt, was sie tun und was sie lassen sollen, und als ein metaphysisches Konstrukt, das einem höheren, nicht genau definierten Zweck dient, als »eine Kulturgemeinschaft, ein Lebensmodell«, um noch einmal Guido Westerwelle zu zitieren. Für eine Kulturgemeinschaft reicht es aber nicht, dass man dänischen Käse in Italien, italienische Mortadella in Polen, polnischen Wodka in Frankreich, französischen Wein in Holland und holländische Lebkuchen in der Slowakei kaufen kann, alles korrekt mit den gleichen »gesundheitsbezogenen Angaben« versehen. Deswegen muss etwas herbeihalluziniert werden, das so abstrakt, so umfassend nichtssagend ist wie das Generaladjektiv »geil«, das seine ursprüngliche Bedeutung längst verloren hat.

Der bereits erwähnte Journalist und Verleger Jakob Augstein hat auf die Frage, was er von Thilo Sarrazin und Bernd Lucke, dem Mitbegründer der »Alternative für Deutschland«, halte, Folgendes gesagt:

»Lucke und Sarrazin, das sind Zahlenpopulisten, das sind Leute, die tun so, als wären Zahlen Wirklichkeit, und in Wahrheit stimmt das aber nicht, weil Zahlen sind nur ein Aspekt der Wirklichkeit. Das sind Leute, die tun, als könnte man Wirklichkeit ausrechnen, und wenn ich eine Rechnung habe, die ich darstellen kann, die mathematisch korrekt ist, spiegelt (sie) die Wirklichkeit wieder. Und wenn ich die in der Hand hab, dann mach ich euch alle anderen platt. Ein guter Politiker müsste diese Zahlenmagie und Zahlenillusion wegfegen und sagen: Du mit deinen Zahlen, du bist irgend so ein Spasti, du verstehst überhaupt nicht, was los ist, du begreifst die Welt gar nicht, du konzentrierst dich auf deine Zahlen, aber deine Zahlen lügen, du bist in Wahrheit ein Zahlenlügner. Und dafür braucht man einen gewissen Mut, und man muss auch den Mut zum Pathos haben und den Mut zum politischen Pathos, und das trauen sich die Leute heute nicht mehr, weil wir in einer Zivilisation leben und in einer Kultur, die sehr zahlengläubig ist, wir vertrauen in ganz vielen Bereichen auf die Zahlen. Aber wenn es um Politik geht, dann sind Zahlen nicht ausreichend, und das traut sich einer nicht mehr zu sagen...«

Außer Jakob Augstein, der nicht nur eine Abneigung gegen Zahlen, sondern auch gegen »Spastis« hat, die mit Zahlen hantieren. Zahlen geben in der Tat nie die ganze Wirklichkeit wieder, aber das ist eine solche Binse wie die Feststellung: Geld macht nicht glücklich, kein Geld aber auch nicht. Nur jemand, der Lokale frequentiert, die ein Tagesgericht für 44,50 Euro anbieten, kann sich eine solche Verachtung für Zahlen leisten. Aber auch nicht immer. Als Jakob Augstein gewahr wurde, dass sein »Freitag« tiefrote Zahlen schreibt, hat er neun der 40 Mitarbeiter entlassen, um die Verluste zu begrenzen.

Hätte ihn daraufhin jemand einen »Zahlenpopulisten« geschimpft, einen »Spasti«, der die Welt nicht begreift, einen »Zahlenlügner«, wäre er sicher sehr, sehr ungehalten geworden. Geht es aber um die »Einheit Europas«, spielen Zahlen plötzlich keine Rolle. Denn es ist, wie die Amis sagen, OPM: »Other People's Money«, das Geld anderer Leute. So argumentieren vor allem Zeitgenossen, die sich im selben Atemzug darüber aufregen, dass im Kapitalismus Gewinne privatisiert und Verluste sozialisiert werden. Sauerei, so was! Ich bin von solchen janusköpfigen Argumenten fasziniert wie von einem Sanitäter beim Arbeiter-Samariter-Bund, der sich bei Vollmond in einen Werwolf verwandelt.

Es ist nicht die Inkohärenz an sich, die mich fasziniert, sondern die Chuzpe, mit der sie vorgetragen wird. So als würde niemand die eingebaute Heuchelei bemerken. Das Wort »Eu-ro-pa« entfaltet eine bewusstseinsbenebelnde Wirkung, die weit über den von Augstein geforderten »Mut zum politischen Pathos« hinausgeht. Die Grenze zum Übermut hat Altkanzler Schmidt bei Maybrit Illner souverän überschritten, als er erklärte, die Deutschen wären mehr als andere Völker für Europa verantwortlich, »weil wir sechs Millionen jüdische Mitbürger fabrikmäßig umgebracht haben«. Nicht dass Schmidt gesagt hätte, die Deutschen wären mehr als andere Völker für die Sicherheit Israels verantwortlich, nicht dass er vorgeschlagen hätte, Deutschland sollte sich im Europarat für eine Anerkennung der Hisbollah als terroristische Organisation einsetzen, nicht dass er überhaupt etwas von Belang gesagt hätte – er hat sechs Millionen tote Juden zu deutschen Mitbürgern ernannt, um Deutschlands besondere Verantwortung für Europa zu unterstreichen. Und hätten »wir« nicht sechs, sondern nur drei Millionen Juden fabrikmäßig umgebracht, würden »wir« nur den halben Betrag in die EU-Kasse einzahlen.

Da haben wir, mal wieder, Pech gehabt.

14. Die vereinigte Kirche von Europa

Die Sowjetunion war eine Föderation von 15 Unionsrepubliken, die sich laut SU-Verfassung weitgehend selbst regierten. Weißrussland und die Ukraine waren sogar mit je einem Sitz in den Vereinten Nationen vertreten, stimmten aber immer zusammen mit der SU ab. Formal ging alle Gewalt vom Volke aus, das in freien, gleichen und geheimen Wahlen alle fünf Jahre die Vertreter zum Obersten Sowjet der UdSSR wählte, der wiederum aus zwei Kammern bestand: dem Unionssowjet und dem Nationalitätensowjet. Im Nationalitätensowjet waren die Unionsrepubliken, die autonomen Republiken, die autonomen Gebiete und die autonomen Kreise vertreten, etwa so wie die Bundesländer im Bundesrat; im Unionssowjet saßen die in den Wahlkreisen gewählten Deputierten, vergleichbar den Abgeordneten im Bundestag.

Allerdings tagte der Oberste Sowjet der UdSSR nur zweimal im Jahr. Das eigentliche legislative Organ der UdSSR war das Präsidium des Obersten Sowjets, dem 24 Mitglieder des Obersten Sowjets und die Vorsitzenden der Obersten Sowjets der 15 Unionsrepubliken angehörten. Das Präsidium des Obersten Sowjets der UdSSR wählte beziehungsweise nominierte seinerseits den Ministerrat, die Regierung der Sowjetunion. Im Laufe der Jahrzehnte wurde das System mehrfach modifiziert; der Oberste Sowjet mit 1500 Delegierten expandierte zum Kongress der Volksdeputierten mit 2250 Mitgliedern. Der Ministerrat wurde in »Ministerkabinett« umbenannt und dem Staatspräsidenten direkt unterstellt. Nur Zweierlei blieb immer gleich:

Erstens hatte die Partei stets das Sagen, und zweitens mussten sich die gewählten Deputierten mit einer dekorativen Funktion zufriedengeben. Auch die so genannte Regierung agierte am Gängelband der Partei. Dabei wurde das System immer größer und unüberschaubarer – am Anfang gab es acht »Volkskommissare« für die ganze UdSSR, am Ende ein Kabinett mit mehr als 80 Ministern –, bis es schließlich unter dem eigenen Gewicht implodierte.

All das im Sinn wollen wir uns mal ansehen, wie die EU aufgestellt ist und womit sich die Abgeordneten des EU-Parlaments beschäftigen. Unser selbst gebastelter Zufallsgenerator hat dafür die Plenarsitzung vom 11. bis zum 14. März 2013 ausgewählt, also eine ganz normale Arbeitswoche vor dem Ausbruch der Zypernkrise.

Schon der erste der aufgelisteten »Schwerpunkte« klingt bedeutend: »Parlament legt Position für Haushaltsverhandlungen fest.« Es geht um den bereits mehrfach angesprochenen Haushalt für das Jahr 2014 und den »mehrjährigen Finanzrahmen« 2014 bis 2020. In der dazugehörigen Pressemitteilung wird das Ergebnis der Beratung bereits vorweggenommen. Es wird nicht nur verraten, worüber, sondern auch wie die Abgeordneten abstimmen werden. Wer nach einer Lösung für das Rätsel sucht, der findet sie im Kleingedruckten. Es handelt sich um eine »nichtlegislative Entschließung«, also eine Art Absichtserklärung, Proklamation oder Resolution des EU-Parlaments, die so unverbindlich ist wie das Horoskop in der Apotheken-Umschau.

Danach wird das Parlament »über die Schlüsselthemen des nächsten EU-Gipfels debattieren und seine eigenen Prioritäten für das Treffen der Staats- und Regierungschefs vorlegen«, die von den Staats- und Regierungschefs souverän übersehen werden, weil sie längst eine eigene Agenda für den EU-Gipfel haben. Aber gut, dass wir darüber gesprochen haben.

Sobald dieser Punkt erledigt ist, wird das Parlament über »eine neue Agrarpolitik für Lebensmittelsicherheit und besseren Umweltschutz« beraten. »Die Abgeordneten wollen«, heißt es in der Pressemitteilung, »dass Direktzahlungen nur aktiven Landwirten zugutekommen und nicht Landeigentümern wie Flughäfen oder Sportvereinen, wenn diese keine Landwirtschaft betreiben.«

Hmmm? Haben wir uns verlesen? Steht da wirklich, Direktzahlungen sollen nur aktiven Landwirten zugutekommen und nicht Landeigentümern wie Flughäfen oder Sportvereinen, wenn diese keine Landwirtschaft betreiben? Bedeutet das nicht implizit, bis jetzt würden auch nicht-aktive Landwirte Agrarsubventionen beziehen, zum Beispiel Landeigentümer wie Flughäfen und Sportvereine? Doch, es steht da. Und zwar nicht nur implizit, sondern explizit. Landeigentümer wie Flughäfen und Sportvereine, die keine Landwirtschaft betreiben, weil sie mit der Organisation von Sportveranstaltungen beziehungsweise des Luftverkehrs voll ausgelastet sind, bekommen Agrarbeihilfen!

Das ist so, als würden Autoren, die keine Bücher schreiben, weil sie den ganzen Tag Papierflieger bauen, Stipendien dafür bekommen, dass sie keine Bücher schreiben. Ich kenne in der Tat einige Literaten und Verlage, die für eine solche

Regelung sehr dankbar wären. Oder ist das schon die Tarnung für eine Einführung des »bedingungslosen Grundeinkommens« in ganz Europa? Jeder, der die Natur schont oder das Klima rettet, indem er etwas nicht tut, zu dem er in der Lage wäre, wird entsprechend dafür belohnt. Der Tischler, wenn er keinen Tisch baut und damit Bäumen das Leben rettet, der Metzger, der kein Fleisch verkauft, und der Lokführer, der zu Hause bleibt.

Immerhin, bei diesem Vorgang der Direktzahlungen handelt es sich um ein »Mitentscheidungsverfahren«, bei dem »das Parlament und der Rat der EU zum ersten Mal gemeinsam über die Zukunft der Agrarpolitik entscheiden«. Oder andersrum gelesen: Bis jetzt hatte das Parlament in dieser Frage nichts zu sagen, jetzt darf es »mitentscheiden«, und zwar im Sinne des Rates der EU. In einem anderen »Mitentscheidungsverfahren« soll »schnelle Abhilfe für enttäuschte Verbraucher« geschaffen werden. Nicht *getäuschte*, sondern *enttäuschte* Verbraucher.

Ich wäre sehr für eine solche Regelung, weil ich als Verbraucher schon öfter enttäuscht wurde. Wie Michael Douglas, der in dem Film »Falling Down« eine McDonald's-Filiale in Trümmer legt, weil man ihm nach elf Uhr kein Frühstück servieren will. Und wann immer ich mich an einer Autobahnraststätte gegen die Bratwurst und für einen Burger entscheide, stelle ich enttäuscht fest, dass der Burger, der mir verkauft wird, ganz anders aussieht als der Burger, den man mir in der Werbung serviert. Müde, platt und trocken, als hätte er eine längere Wanderung hinter sich.

Als enttäuschter Verbraucher werde ich demnächst mit Hilfe des ADR-Verfahrens – ADR steht für »Alternative

Dispute Resolution« – in die Lage versetzt, »bei Beschwerden über Waren oder Dienstleistungen..., die online oder in einem Laden, im Ausland oder im eigenen Land gekauft wurden«, eine der ADR-Stellen anrufen zu können, die in den EU-Staaten eingerichtet werden sollen. Wenn also eine finnische Hausfrau von einem in Rumänien hergestellten Vibrator, den sie bei einem holländischen Online-Anbieter gekauft hat, enttäuscht wurde, wird sie endlich jemanden haben, der sich ihrer annimmt. Wahlweise in Finnland, Rumänien oder Holland. In jedem Fall sollten »die Streitigkeiten... in höchstens 90 Tagen beigelegt werden und ADR-Verfahren für den Verbraucher vorzugsweise kostenlos oder gegen eine Schutzgebühr zugänglich sein«.

Wer immer sich diese Regelung ausgedacht hat, er muss im Laufe seines Studiums ganz viel über »erfolgreiche Strategien zur Durchsetzung von ABM-Maßnahmen unter dem Vorwand einer verbraucherfreundlichen Politik unter besonderer Berücksichtigung der Vielfalt in Europa« nachgedacht haben. Denn parallel zum ADR-Verfahren, das für Geschäfte gilt, die »online oder in einem Laden« getätigt wurden, soll es auch noch »eine getrennte Verordnung zur Streitbeilegung bei Online-Verkäufen (Online Dispute Resolution, ODR)« geben; dafür wird »eine ODR-Plattform in allen EU-Sprachen mit Standard-Beschwerdeformularen eingerichtet«, die enttäuschte Verbraucher »zum jeweils geeignetsten Beilegungsverfahren lotst, je nach Beschwerdefall«.

Wenn das Verfahren funktionieren soll, dann muss es nicht nur in allen EU-Sprachen angewandt werden, es muss auch »Beschwerdelotsen« geben, die denjenigen mit Rat und Tat zur Seite stehen, die mit den Formularen nicht zurechtkommen, wovon man ausgehen muss, wenn man nur eines der EU-Papiere, egal in welcher Sprache, gelesen hat. Die »Beschwerdelotsen« ihrerseits müssen sich für ihre Aufgabe qualifizieren. Es wird also bald eine EU-Richtlinie zur Ausbildung von »Beschwerdelotsen« im ADR- bzw. ODR-Verfahren geben, für diese Ausbildung wird es Fördermaßnahmen geben, für die ebenfalls Richtlinien erarbeitet werden müssen. Sie glauben, ich phantasiere? Nein, ich bin der Entwicklung nur um eine halbe Nasenlänge voraus.

Aber lassen Sie uns in der Gegenwart bleiben, denn die Sitzungswoche vom 11. bis 14. März ist noch lange nicht vorbei, und die Abgeordneten haben sich viel vorgenommen. Sie werden in einer weiteren »nichtlegislativen Entschließung« die EU-Kommission dazu auffordern, »neue politische Initiativen sowie konkrete Maßnahmen vorzuschlagen, um Geschlechterstereotypisierung in den Bereichen Erziehung, Medien, Werbung und auf dem Arbeitsmarkt sowie bei der politischen Entscheidungsfindung zu bekämpfen«.

Denn der Kampf gegen Geschlechterstereotype, Sie erinnern sich, gehört zu den Evergreens der EU und auch zum Programm des EU-Parlaments. So wie die »Randfichten« bei jedem ihrer Konzerte den Hit »Lebt denn der alte Holzmichl noch« spielen müssen, so kommt der Kampf gegen Geschlechterstereotype immer wieder auf die Tagesordnung des EU-Parlaments, obwohl mit der Ernennung der Britin Catherine Ashton zur »Hohen Außenbeauftragten« der EU ein wesentlicher Beitrag zur Bekämpfung der Geschlechterstereotype bereits geleistet wurde. Aber solange sich zu Weihnachten noch ein einziges Mädchen eine Barbie und ein einziger Junge einen Miniporsche mit Elektromotor wünschen, ist der Kampf gegen Geschlechterstereotype nicht vorbei.

Ich habe an einer anderen Stelle dieses Buches bereits beschrieben, wie im EU-Parlament debattiert wird – vor leeren Rängen – und wie abgestimmt wird – im Schweinsgalopp. Nicht einmal der fleißigste Abgeordnete wäre in der Lage, all die Vorlagen zu lesen, die er kennen müsste, um in der Lage zu sein, eine sachkundige Entscheidung zu treffen. Er könnte ebenso gut versuchen, den Ärmelkanal auf Rollschuhen zu überqueren. Spricht man die Abgeordneten darauf an, sagen sie, die entscheidende Arbeit finde in den Ausschüssen statt. Aber auch das muss bezweifelt werden, denn in dem Triumvirat aus Parlament, Rat und Kommission ist das Parlament nur die Empfangshalle, hinter der, wie bei einem Speakeasy in Chicago zur Zeit der Prohibition, die Räume liegen, in denen um hohe Beträge gepokert und darüber entschieden wird, welcher Clan welche Pfründe zugeteilt bekommt.

Ich bin mir sicher, die Abgeordneten sind sich der Umstände ihrer Arbeit bewusst. Ich bin mir auch sicher, dass die materielle Vergütung nicht reicht, um sich mit der Sinnlosigkeit des Brüsseler Alltags abzufinden. »Geschichte«, so hat es Theodor Lessing formuliert, ist »die Sinngebung des Sinnlosen«. Die Gegenwart ist es auch.

Um mit ihr leben zu können, muss man sie mit Sinnhaftigkeit auffüllen. Zum Beispiel, indem man eine »Entschließung« gegen Rassismus und Fremdenfeindlichkeit verabschiedet, in der darauf hingewiesen wird, dass seit fünf

Jahren eine »Antidiskriminierungsrichtlinie« beim Rat »in der Schublade liegt«, die »Gleichbehandlung ungeachtet der Religion oder Weltanschauung, einer Behinderung, des Alters oder der sexuellen Ausrichtung gewährleisten« soll. Was heißt: Die parlamentarische Vertretung von 500 Millionen Europäern, der neue Kongress der Volksdeputierten, ist nicht einmal in der Lage, eine solche »Richtlinie« für Selbstverständlichkeiten zu verabschieden, das »Hohe Haus« darf den »Rat« nur daran erinnern, was alles in seinen Ablagen ruht.

Ein Parlament, das dermaßen machtlos ist, kann Relevanz nur durch Betriebsamkeit ersetzen. Deswegen beschäftigen sich die Abgeordneten unter anderem mit der Frage, wie hoch die Mindestmengen von Anethol und Thujon im Absinth sein müssen, damit das Getränk als Absinth deklariert werden darf. Bevor man sich nicht darüber verständigt hat, kann die europäische Einheit nicht vollendet werden. Und darauf einen Dujardin! Gleich danach geht es um »Spielabsprachen im Sport«, die »EU-weit koordiniert« werden sollen, pardon, ich habe mich unter Einfluss der Absinth-Debatte verlesen: es geht um »Spielabsprachen im Sport«, deren *Bekämpfung* EU-weit koordiniert werden soll. Auch das ein Asbach Uralt der europäischen Agenda.

Und zwischen einer Absinth-Runde und einem virtuellen Besuch in einem Wettbüro »diskutieren die Abgeordneten mit der EU-Außenbeauftragten Catherine Ashton« über die Lage in Ägypten, Nordkorea, der Ukraine, in Syrien und Mali – alles an einem halben Vormittag. Und bevor die Abgeordneten Donnerstagmittag fluchtartig in das Wochenende aufbrechen, bringen sie noch rasch eine »nichtlegislative Entschließung« auf den Weg, in der China, Japan und Taiwan aufgefordert werden, sich »auf eine friedliche Lösung ihrer Streitigkeiten über die Inseln im Südchinesischen Meer« zu einigen, ein Ratschlag, auf den die Regierungen von China, Japan und Taiwan lange und sehnsüchtig gewartet haben. Im Gegenzug werden die Parlamente in China, Japan und Taiwan der EU empfehlen, ihre Streitigkeiten über die Auslegung des Schengen-Abkommens zu beenden und die Armutsmigranten aus Rumänen fair zu behandeln.

Eine solche Mischung aus Irrelevanz und Redundanz, wie sie im EU-Parlament praktiziert wird, dürfte in einer demokratisch legitimierten Institution einmalig sein. Der Vergleich mit dem Obersten Sowjet beziehungsweise dem Kongress der Volksdeputierten liegt nicht nahe, er ist unvermeidlich. Auch die Abgeordneten dieser »Parlamente« waren subjektiv von der Wichtigkeit ihrer Aufgabe überzeugt. In allen demokratischen Systemen gibt es Leerlauf, Rituale, Reibungsverluste, in jeder Bürokratie werden Ressourcen vergeudet, aber in der EU ist das nicht der Preis, der für ein ansonsten funktionierendes System bezahlt werden muss, es ist das, was das System ausmacht. Erwachsene Menschen spielen Politik, so wie Kinder Kaufmannsladen oder Monopoly spielen. Der Unterschied liegt allein darin, dass in Brüssel mit richtigem Geld gespielt wird.

Und es geht nur um eines: Geld, Geld und noch einmal Geld. Weil sich das aber so banal anhört und dem deutschen Idealismus zuwiderläuft, der im Sozialneid seinen reinsten Ausdruck findet, wird uns immer wieder versichert, die EU sei mehr, nämlich eine »Kulturgemeinschaft« und ein »Lebensmodell«. Eine Garantie für Frieden und strukturelle Voraussetzung für eine goldene Zukunft. Edzard Reuter, Sohn des legendären Berliner Bürgermeisters Ernst Reuter, der mit seiner Familie nach der Machtergreifung der Nazis in die Türkei ins Exil ging, Sozialdemokrat von Geburt an und acht Jahre lang, von 1987 bis 1995, Vorstandsvorsitzender der Daimler-Benz AG, ein Manager mit einem Sinn für das Machbare, wünscht sich »die Wiedergeburt einer Vision für Europa«, die »einen solchen Namen verdient«, nämlich die »Vereinigten Staaten von Europa«, und zwar »nicht als billige Kopie der USA«, sondern als »ein neuer, junger, stolzer und selbstbewusster Weg in eine erfolgreiche Zukunft«.

Jung, stolz, selbstbewusst, erfolgreich. So könnte auch eine Stellenausschreibung für einen Spitzenjob in der EU anfangen. Was mich noch stutziger macht, ist dies: Einerseits kommt Reuter nicht darum herum, sich auf die USA als »role model« zu beziehen, andererseits will er keine »billige Kopie«. Bei den Kosten, die Europa jetzt schon verursacht, kann von »billig« keine Rede sein, falls er es aber eher metaphorisch meint, dann ergibt seine Aussage noch weniger Sinn. Der Weg zu den »Vereinigten Staaten von Europa« ist eine Reise ins Ungewisse, bei der nicht mal die Leute auf der Kommandobrücke wissen, wohin sie führen und wie viel sie kosten wird, ein Abenteuer, das sogar Christoph Kolumbus unruhige Nächte an Bord der »Santa Maria« bereiten würde.

Reuter aber sieht in Europa »eine einzigartige Herausforderung, eine einzigartige Chance für junge Menschen, die ihren Blick voller Zuversicht nach vorn richten dürfen«. Gilt das auch für Italien, mit einer Jugendarbeitslosigkeit von

37,8 Prozent im Februar 2013, wobei Ökonomen es schon als Fortschritt werten, dass sie im Januar noch höher war, nämlich 38,6 Prozent? Mag die Arbeitslosigkeit so langsam wie ein Jahrhunderthochwasser zurückgehen, die Zahl der Selbstmorde unter italienischen Jugendlichen nimmt jedenfalls zu. Das ist nicht zwingend eine Folge der wirtschaftlichen Umstände, aber der gesunde Menschenverstand sagt einem, dass das eine mit dem anderen zu tun haben könnte.

Edzard Reuter aber hat eine Vision, die jenseits des Horizontes beginnt: »Europa heißt Rücksichtnahme der Starken auf die Schwachen, die Solidarität der Reichen mit den Armen – es setzt das Prinzip des Sozialstaates anstelle des rücksichtslosen Gebrauchs der eigenen Ellenbogen als Erfolgskriterium für eine lebenswerte Gemeinschaft. Europa heißt, allen Menschen ohne Rücksicht auf ihr Herkommen durch eine gute Ausbildung gleiche Chancen für ein Leben in Freiheit und Frieden zu gewährleisten.«

Mit diesem Programm könnte sich Reuter zum Ehrenpräsidenten der Heilsarmee auf Lebenszeit wählen lassen. Oder gleich eine eigene Kirche gründen, die »United Church of Europe«. Dann müssten nur noch die Zehn Gebote ein wenig umgeschrieben werden – »Ich bin Europa, Dein Gott, Du sollst neben mir keine anderen Götter haben« –, und schon könnte jede Sitzung des Europaparlaments mit einem überkonfessionellen Gebet anfangen: »Liebes Europa, wir danken Dir, dass Du uns aus der Sklaverei der Ellenbogengesellschaft in das Gelobte Land des Sozialstaates geführt hast, in dem die Starken auf die Schwachen Rücksicht nehmen und die Reichen mit den Armen solidarisch sind...«

Das ist nicht so weit hergeholt, wie es sich anhört. Die Europa-Idee weist alle Eigenarten einer Glaubensgemeinschaft auf. Es gibt eine Priesterkaste, die Brüsseler Nomenklatura, es gibt das Heer der Gläubigen, von denen freilich immer mehr desertieren, es gibt die Häretiker, die dem Glauben abgeschworen haben, es gibt Prüfungen, die bestanden werden müssen, die Zypernkrise zum Beispiel, und es gibt Opfer, die erbracht werden müssen, beispielsweise die »Beteiligung« der Sparer an der Bankenrettung oder was sonst noch so alles an Enteignungsmaßnahmen auf uns zukommt, wenn die Kredite auf »fällig« gestellt werden. Eine maßvolle Inflation, vor allem bei den Gütern außerhalb des offiziellen Warenkorbs, wäre da wohl noch das sozial Verträglichste.

Ich finde es richtig, dass die Starken und die Reichen den Schwachen und den Armen helfen. Das ist der Kern aller Religionen – des Judentums, des Christentums, des Islam und des Marxismus-Leninismus. Ich wundere mich nur, wie viele Menschen, die weder an die Erbsünde noch an ein Leben nach dem Tode glauben, die weder vor noch nach dem Essen beten, die Weihnachten für ein Fest des Einzelhandels und den Auszug aus Ägypten für eine Geschichte aus Hollywood halten, sich dennoch ein Paradies auf Erden wünschen, einen säkularen Garten Eden, in dem alle Lebewesen einander lieb haben und sich umeinander kümmern. Wie schon vom Propheten Jesaja im achten vorchristlichen Jahrhundert vorhergesagt: »Dann wohnt der Wolf beim Lamm, der Panther liegt beim Böcklein. Kalb und Löwe weiden zusammen, ein kleiner Knabe kann sie hüten. Kuh und Bärin freunden sich an, ihre Jungen liegen beieinander. Der Löwe frisst Stroh wie das Rind...«

Es ist wie in dem Witz vom Tel Aviver Zoo, wo man einen Löwen und ein Lamm in einem Käfig untergebracht hat. Der Löwe lag in der einen Ecke, das Lamm in der anderen. Sie dösten friedlich vor sich hin, und wenn die Zeit der Fütterung kam, wachten sie auf und begrüßten den Tierpfleger, indem sich beide auf den Rücken legten und alle viere von sich streckten.

Die Geschichte sprach sich rum, Zeitungen schrieben über das »Wunder von Tel Aviv«. Eines Tages kam eine Gruppe amerikanischer Zoo-Direktoren nach Tel Aviv. Sie standen vor dem Käfig mit dem Löwen und dem Lamm und konnten es nicht fassen. Wie ist so etwas möglich, fragten sie sich, ist es ein Wunder oder eine optische Täuschung? Der Direktor des Tel Aviver Zoos, Jeschajahu Goldberg, stand daneben und freute sich über die Reaktionen seiner Kollegen. Bis schließlich der Direktor des New Yorker Zoos das Wort ergriff. »Ich habe schon vieles gesehen, aber so etwas..., nun sagen Sie schon, Herr Kollege, wie haben Sie das geschafft?«

»Ganz einfach, wir geben dem Löwen jeden Morgen ein neues Lamm.«

15. Das Karussell Europa muss sich weiter drehen – oder...?

Der Titel dieses Buches ist geklaut, oder sagen wir: geliehen. Wenn man etwas klaut, dann ist nur das Beste gut genug. Also nicht Hennes & Mauritz, sondern Marks & Spencer. In diesem Fall ist es Karl Kraus. Er gab einem Theaterstück über den Ersten Weltkrieg den Titel »Die letzten Tage der Menschheit«. Die »Tragödie in 5 Akten mit Vorspiel und Epilog« war eine Sammlung von etwa 200 Szenen, die nur lose zusammenhingen. Heute würde man von einer O-Ton-Collage sprechen, bestehend aus Zeitungsmeldungen, Reden von Politikern, Lageberichten des Militärs, Gerichtsurteilen, eigenen Kommentaren und allerlei Trivia aus den Jahren 1915 bis 1922. Kraus schrieb im Vorwort:

»Die unwahrscheinlichsten Taten, die hier gemeldet werden, sind wirklich geschehen; ich habe gemalt, was sie nur taten. Die unwahrscheinlichsten Gespräche, die hier geführt werden, sind wörtlich gesprochen worden; die grellsten Erfindungen sind Zitate.«

Das hört sich an, als hätte schon Karl Kraus darunter gelitten, dass er mit der Realität nicht mithalten konnte, dass keine seiner »Erfindungen« so schrecklich war wie die Fundstücke, über die er stolperte. Genau so ging es mir bei vielen der Geschichten, die diesem Buch zugrunde liegen. Die schlimmsten Zitate sind Originaltöne.

Über den Untertitel meines Buches hat es zwischen mir

und dem Verlag eine längere Diskussion gegeben. Am Ende haben wir uns auf den Satz geeinigt »Wie wir eine gute Idee versenken«. Ich will niemandem eine böse Absicht unterstellen, sogar bei einem Tötungsdelikt wird zwischen »vorsätzlich« und »fahrlässig« unterschieden. Auch das Christentum und der Kommunismus waren ursprünglich gute Ideen. Aber im Laufe des Schreibens wurden meine Zweifel immer stärker, ob »Europa« – im Sinne der »Vereinigten Staaten von Europa« – überhaupt jemals eine gute Idee war oder von Anfang an nur die Projektion eines 8-mm-Films auf eine riesige Leinwand, also verwackelt, unscharf und voller brüchiger Klebestellen. Der Versuch, mit einem Trampolin einen Astronauten auf den Mond zu schießen.

Natürlich bin ich für offene Grenzen, freien Handel und Wandel, den Austausch von Gütern und Ideen. Ich kann mich noch gut daran erinnern, wie lästig es war, auf der kurzen Strecke von Köln nach Paris zweimal kontrolliert zu werden. Aber die Umstände, in denen ich lebe, und die Möglichkeiten, die ich habe, diesen Umständen zu entkommen, sind derart, dass ich mir über den Preis für meine Freiheit, ungestört reisen zu können, keine Gedanken machen muss. Im Gegensatz zu denjenigen, die nur einmal oder zweimal im Jahr verreisen und dann auch in der Ferne das Vertraute suchen, also Jägerschnitzel mit Rahm-Pilz-Sauce und Spätzle.

Ich sage das ohne jeden Hochmut, weil mir inzwischen klar geworden ist, dass »Europa« ein »Eliten-Projekt« der Vielflieger und Meilensammler, der Feinschmecker und Perlentaucher ist, so wie die »Internationale« die Hymne der Politruks war, die ihren Völkern die Ausreise verweigerten.

Ich habe mir auch keine Gedanken gemacht, ob es möglich ist, und falls ja, was es kostet, grenzüberschreitend gleiche Lebensverhältnisse herzustellen, ob man Gesellschaften synchronisieren kann, in denen die einen zu Fuß, die anderen mit einem Esel, die dritten mit einem Porsche Cayenne unterwegs sind.

Diese Fragen spielten in meinem Leben keine Rolle, und deswegen habe ich sie mir nie gestellt. Europa war für mich eine Art Supermarkt: Käse aus Holland, Schokolade aus der Schweiz, Schinken aus Italien, Gänseschmalz aus Polen, Regale aus Schweden, Pornos aus Dänemark, Sardinen aus Portugal, Madeleines aus Frankreich und Literatur aus Österreich.

Und ich gehe jede Wette ein, dass ich nicht der Einzige bin, der nicht mitbekommen hat, was für eine Krake im Hinterhof unserer Bausparidylle zum Leben erwacht ist, wie sie immer größer und größer wurde, wie eine jener versehentlich aus einem Versuchslabor entlaufenen atomar kontaminierten Superameisen. Allerdings, wann immer ich Günter Verheugen in der Tagesschau sah, fragte ich mich, was macht der eigentlich in Brüssel? Wofür ist er zuständig? EU-Erweiterung? Meinetwegen.

Ich könnte jetzt auch in lautes Wehklagen darüber ausbrechen, dass diese Brüsseler Monster im Begriff sind, »mein« Europa kaputtzumachen. Das wäre die logische Fortsetzung des Arguments, dass die Idee an sich gut war und dass sie irgendwann aus dem Ruder gelaufen ist. Aber das wäre geheuchelt. »Mein« Europa ist immer noch da: der Rynek in Krakau, die Bloemgracht in Amsterdam, der Naschmarkt in Wien. Und ich muss zugeben, dort sieht es heute besser aus als vor zehn Jahren. Wahrscheinlich auch deswegen, weil vieles mit EU-Geldern saniert wurde, das sonst dem Verfall anheimgefallen wäre.

Was ist es also, das mich abstößt und irritiert? Europa ist ein großes Labor, und wir sind alle Versuchskaninchen. Objekte eines groß angelegten Experiments. Das Experiment heißt: Erschaffung einer europäischen Identität. So etwas mag aufregend, ja faszinierend sein, wenn es in der Literatur stattfindet, wie die Geschichte, die im ersten Buch Mose erzählt wird. »Im Anfang schuf Gott den Himmel und die Erde. Und die Erde war wüst und leer, und Finsternis war über der Tiefe; und der Geist Gottes schwebte über den Wassern. Und Gott sprach: Es werde Licht! Und es ward Licht.«

In der Politik nennt man das »Gestalten«. Kein Politiker, von José Manuel Barroso bis Sigmar Gabriel, der das nicht möchte. Aber wenn die alle so wild darauf sind, zu »gestalten«, warum lernen sie dann nicht töpfern oder bauen ihren Fahrradkeller zu einer Bar aus?

Es ist natürlich nicht der erste Versuch dieser Art. Die Sowjetunion war eine riesige Versuchsanstalt, China während der Kulturrevolution, Kambodscha unter Pol Pot. Einige kleinere Outlets existieren noch: Kuba, Nordkorea, die Odenwaldschule in Heppenheim an der Bergstraße. Der Versuch, einen neuen Menschen zu schaffen, hat zahllose Menschenleben zerstört.

Ich weiß, dass ich übertreibe. Die EU ist keine Diktatur, sie unterhält keine Gulags und sie verbietet es niemandem, nach Australien auszuwandern. Aber sie rotiert um einen Orwellschen Kern. Eine Utopie soll realisiert werden, um jeden Preis. Sie auf halbem Wege abzubrechen oder wenigstens innezuhalten, um eine Zwischenbilanz zu ziehen, käme bereits dem Geständnis gleich, dass man gescheitert ist. Es ist mehr als nur eine Frage der Ehre, es ist Physik. Nehmen Sie einen kleinen Eimer, füllen Sie ihn randvoll mit Wasser und schleudern Sie ihn an einem kurzen Seil im Kreis um Ihren Kopf. Das Wasser bleibt im Eimer – solange Sie ihn schnell genug kreisen lassen. Deswegen muss sich auch das Karussell Europa weiterdrehen. Würde es stehenbleiben, käme die Schwerkraft, vulgo die Realität, zum Tragen. Das Wasser würde aus dem Eimer schießen.

Allerdings: Alle Überlegungen, was im Falle des Falles passieren würde, sind Spekulationen, die auf computergenerierten Modellen, Extrapolationen und Panik-Szenarios beruhen. Wenn schon eine Mini-Ökonomie wie die zyprische für den Bestand der EU beziehungsweise der Euro-Zone von »systemischer« Bedeutung ist, dann kann das ganze System nicht sehr stabil sein.

Über die Frage, ob es nicht für alle Beteiligten besser wäre, marode Volkswirtschaften sich selbst zu überlassen, gehen – erwartungsgemäß – die Ansichten der Experten so weit auseinander wie über die Denksportaufgabe, was zuerst da war, die Henne oder das Ei. Werner Sinn, einer der bekanntesten deutschen Ökonomen, Präsident des »Instituts für Wirtschaftsforschung«, widerspricht entschieden der Behauptung von Angela Merkel, Deutschland habe wie kaum ein anderes Land vom Euro profitiert. Und er kann es belegen. Auch was den Verbleib Griechenlands in der Euro-Zone angeht, ist er anderer Meinung als die Kanzlerin:

»Erstmal ist es für die Griechen ein großer Nachteil,

wenn sie im Euro bleiben, weil sie nicht wettbewerbsfähig sind und eine Massenarbeitslosigkeit haben. Aber auch für die Gläubigerländer – und da steht Frankreich an erster Stelle – ist es letztlich nicht sinnvoll, wenn Griechenland drinbleibt und nicht wettbewerbsfähig ist, weil Griechenland dann nie etwas zurückzahlen kann.«

Die »Vergemeinschaftung der Haftung in der Eurozone«, sagt Sinn, habe »eine neue Dimension« angenommen. Die Länder müssten »immer weiter helfen«, denn wenn sie es nicht tun, »bricht etwas zusammen«. Fazit: »Europa betreibt ein Ponzi-Spiel, bei dem man immer wieder neue Spielteilnehmer aktiviert, um die alten auszahlen und damit beruhigen zu können.«

Wissen Sie, was ein Ponzi-Spiel ist? Der Namensgeber, Charles Ponzi, ein Italo-Amerikaner, war einer der größten Schwindler und Betrüger der neueren amerikanischen Geschichte; der von ihm erfundene »Ponzi-Trick« ist eine Bezeichnung für Schneeballsysteme und Kettenbriefe, bei denen die Ersten abkassieren und die Letzten ihre Einsätze verlieren. Ponzi war mit seinem Trick extrem erfolgreich. Er versprach den Geldgebern Renditen von 50 bis 100 Prozent, je nach Laufzeit der Einlage, setzte Millionen um und landete schließlich im Gefängnis.

Charles Ponzi starb, vollkommen verarmt, in einem Krankenhaus in Rio de Janeiro an den Folgen eines Hirnschlags. Seine Ersparnisse deckten gerade die Kosten der Bestattung. Mehr als 60 Jahre später war Bernie Madoff mit derselben Methode ebenfalls extrem erfolgreich. Er verpulverte etwa 65 Milliarden Dollar und sitzt derzeit in einem US-Gefängnis eine Strafe von 150 Jahren ab.

Allein diese beiden Beispiele müssten reichen, alle Alarmglocken läuten zu lassen, wenn ein renommierter Ökonom behauptet, Europa betreibe ein Ponzi-Spiel, um alte Schulden mit neuen Schulden zu bezahlen. Aber der amtierende Finanzminister macht mit seinem »Wir-haben-alles-im-Griff«-Programm weiter und der Finanzexperte der FDP, Fraktionschef Brüderle, sieht die eigentliche Gefahr in der Forderung der neu gegründeten »Alternative für Deutschland«, an deren Spitze ebenfalls ein Ökonom steht, zur D-Mark zurückzukehren. »Wenn wir die D-Mark wieder einführen«, so Brüderle, »wird sie erheblich aufwerten. Unsere Exporte würden zu teuer, und wir hätten erhebliche Einbrüche in der deutschen Wirtschaft. Folge davon wäre eine höhere Arbeitslosigkeit.« Deutschland, sagt Brüderle, dürfe »niemals einen Sonderweg« einschlagen. Denn: »Das hat sich in unserer Geschichte immer als fatal erwiesen. Europa darf in einer globalisierten Welt nicht auseinanderbrechen, damit wir den Anschluss nicht verlieren.«

Das sind keine Argumente, das sind Beschwörungsformeln, Voodoo für Anfänger. Was Brüderle als deutschen »Sonderweg« bezeichnet, war kein Abseitsstehen, es war der missglückte Versuch, Europa zu germanisieren und sich der ganzen Welt als Vorbild anzudienen. Und wenn er sagt, Europa dürfe nicht auseinanderbrechen, dann ist das eine jener Durchhalteparolen, mit denen vollendete Tatsachen geleugnet werden, der Übermut der Verzweiflung. Denn Europa ist »gefühlt« längst auseinandergebrochen und wird nur noch von dem Willen zusammengehalten, diese Einsicht nicht zuzulassen. Wie ein vermögendes Ehepaar, das sich nur deswegen nicht scheiden lässt, weil die Kosten der Güterteilung unberechenbar sind.»Eine Rückkehr zur D-Mark würde erheblichen volkswirtschaftlichen Schaden anrichten. Die Deutschen würden Einkommen und Arbeitsplätze verlieren« – mit diesen Worten fasste der Vorstandsvorsitzende der Bertelsmann-Stiftung das Ergebnis einer Studie zusammen, die sein Haus in Auftrag gegeben hatte. Das Bruttoinlandsprodukt würde Schaden nehmen, 200 000 Arbeitsplätze könnten verloren gehen.

Wie immer solche Berechnungen zustande kommen, die im Übrigen nur die deutsche, nicht die europäische Interessenlage wiedergeben, es mag unter Umständen tatsächlich vernünftiger sein, unter einem Dach wohnen zu bleiben und sich irgendwie zu arrangieren. Das ist aber nicht die beste Option, sondern nur die bequemste. Merkel, Brüderle und der Rest der Euro-Truppe verkaufen sie uns aber als »alternativlos«. Was für sich genommen schon eine Bankrotterklärung ist, denn abgesehen vom Tod gibt es zu allem eine Alternative.

Es gibt auf beiden Seiten Argumente, die ich nicht nachvollziehen, und solche, denen ich folgen kann. Was mich allerdings extrem irritiert, ist das anmaßende, selbstherrliche, streckenweise totalitär anmutende Auftreten der EU- und Euro-Befürworter, die allein schon die Debatte darüber, was falsch gelaufen ist und wie es weitergehen soll, zu einer Art von Hochverrat erklären und keine Hemmungen haben, die Gegenseite zu dämonisieren: als Ignoranten, einen Haufen weltfremder Professoren, deren Ideen »unseren Wohlstand und unsere Leistungsfähigkeit gefährden« (Brüderle), als nationalistische Revanchisten.

Muss man wirklich darauf hinweisen, dass es nicht die

»Professoren« waren, die uns in die jetzige Situation hineinmanövriert haben, sondern diejenigen, die nun vor den Gefahren einer »überzogenen Kritik« warnen? Offenbar ja. Deswegen noch einmal und zum Mitschreiben: Dieselben Leute, die das Boot auf Grund gesetzt haben, sagen nun, sie seien als Einzige in der Lage, es wieder flottzumachen. Sie bitten uns darum, ihnen noch eine zweite Chance zu geben. Würden Sie sich einem Arzt anvertrauen, der Ihnen statt der Nasenpolypen die Zirbeldrüse entfernt hat und hinterher hoch und heilig verspricht, er würde beim nächsten Mal besser aufpassen?

Mag sein, dass wir uns in einer Phase des Übergangs befinden, wie nach dem Fall der Mauer, als plötzlich zwei völlig verschiedene Systeme synchronisiert werden mussten. Aber das war ein Klavierstück für vier Hände, verglichen mit der Aufgabe, eine Europa-Big-Band zu orchestrieren.

Ich habe in meiner Jugend sehr gerne die Romane von Jules Verne und populärwissenschaftliche Geschichten darüber gelesen, wie wir um das Jahr 2000 herum leben würden: auf großen, von Menschenhand gebauten Inseln auf oder unter dem Meer. Dabei sollten wir uns von Algenplätzchen ernähren und Wasser trinken, das in Entsalzungsanlagen gewonnen wurde. Ich dachte damals ernsthaft daran, mir ein Aquarium zuzulegen, um mich an den Anblick von Fischen als Nachbarn zu gewöhnen. Denn das alles war mehr als nur der Stand der Populärwissenschaft. Es war Wissenschaft.

Im historischen Jahr 1968 erschien nicht nur das Buch »Klau mich« von Rainer Langhans und Fritz Teufel, der Entwurf einer vom Besitzdenken und anderen Zwängen befreiten Gesellschaft, im selben Jahr kam auch »The Population Bomb« auf den Markt, geschrieben von Paul Ralph Ehrlich, Professor für Biologie an der Stanford University in Kalifornien, einem bekannten Insektenforscher, der sich auf Schmetterlinge spezialisiert hatte. Ehrlichs zweites Spezialgebiet war die drohende Überbevölkerung, eben »The Population Bomb«.

Schon sehr bald, in den 70er-Jahren, so Ehrlich, würden Hunderte von Millionen Menschen infolge von Hungerepidemien sterben. Indien würde nie imstande sein, seine Bevölkerung zu ernähren. Als Mitbegründer der Organisation »Zero Population Growth« setzte sich Ehrlich dafür ein, die Regierungen auf das Problem der Überbevölkerung aufmerksam zu machen, damit diese gesetzgeberische Maßnahmen ergreifen, um die Welt zu retten. Mit solchen Ansichten gelang Ehrlich ein Bestseller, und er brachte es zu Ruhm und Ehre. Der »World Wide Fund for Nature« verlieh ihm einen Preis, ebenso die Königlich Schwedische Akademie der Wissenschaften, die Vereinten Nationen und die Ecological Society of America. Alles wegen seiner Verdienste für die Umwelt.

Keine einzige von Ehrlichs Vorhersagen, die er mit Zahlen und Statistiken untermauert hatte, ist eingetroffen. Die globale Hungerkatastrophe ist ausgeblieben. Im Gegenteil: Der Generaldirektor der FAO (Food And Agriculture Organization of the United Nations) hat im Juni dieses Jahres auf einer Konferenz in Rom erklärt: »Wir sind die erste Generation, die dem Hunger den Garaus bereiten kann, der die Menschheit seit Beginn der Zivilisation gepeinigt hat.« Auch andere apokalyptische Lustängste blieben unbefriedigt. Inzwischen weiß man, dass nicht der Mangel an Ressourcen Ursache für den Hunger ist, sondern ein Mix aus Korruption, Missmanagement, Herrschaft von Warlords (Somalia) und staatlicher Planwirtschaft zugunsten der Rüstung (Nordkorea).

Ich bin mehr als skeptisch, wenn ich Vorhersagen von Experten lese, die mich davon überzeugen wollen, in 30 oder 50 Jahren würde der pazifische Inselstaat Tuvalu infolge der globalen Erwärmung in den Fluten untergehen und Köln nicht am Rhein, sondern an der Nordsee liegen. Für die Lebensqualität der Domstadt wäre das nur von Vorteil. Ich höre auch nicht mehr hin, wenn es um das Aussterben der Eisbären geht, denn deren Population nimmt nicht ab, sondern zu, ebenso wie die Umsätze der Organisationen, die sich für das Überleben der großen weißen Kuscheltiere einsetzen. Und was die Wale angeht, die von den brutalen Isländern und Japanern gejagt werden, so warte ich nur darauf, dass irgendeine NGO in Indien zum Protest gegen das millionenhafte Abschlachten von Kühen in Europa aufruft. Aber das nur nebenbei. Ich misstraue von Natur aus Vorhersagen, die mich dazu bringen wollen, mein schlechtes Gewissen durch Ablasszahlungen zu entlasten.

Was eine Vorhersage taugt, weiß man, naturgemäß, immer erst hinterher. Francis Fukuyamas These vom »Ende der Geschichte«, Anfang der 90er-Jahre als Buch erschienen, wurde als eine philosophische Meisterleistung gefeiert, die Synthese aus Marx, Hegel, Kant, Locke und Hobbes. Und tatsächlich schien es durchaus plausibel, dass mit dem Ende der Sowjetunion die Demokratie und die Marktwirtschaft sich weltweit durchsetzen würden.

Das Buch des amerikanischen Politologen Samuel Huntington »Clash of Civilizations and the Remaking of World Order«, 1996 veröffentlicht, wurde dagegen eher kritisch bis ablehnend aufgenommen. In Deutschland erschien es unter dem leicht irreführenden Titel »Kampf der Kulturen«. Zivilisation oder Kultur – was Huntington behauptete, widersprach dem Zeitgeist der 90er-Jahre, der sich an Begriffen wie »one world«, »multikulturell« und »postmodern« berauschte. Nicht alle Zivilisationen/Kulturen seien gleich oder gleichwertig, es gebe grundsätzliche Gegensätze, die allein mit gutem Willen nicht zu überbrücken seien. Der Westen sei im Begriff, »kulturellen Selbstmord« zu begehen, während China und die islamischen Länder eine immer größere Rolle in der globalen Politik spielen würden.

Dann kam 9/11, der Krieg in Afghanistan, der Sturz von Saddam Hussein, zuletzt der »Arabische Frühling«. Niemand spricht mehr vom »Ende der Geschichte«. Auf dem Friedhof der Illusionen musste ein weiterer Grabstein errichtet werden. Dafür ist der »Kampf der Kulturen« im vollen Gange. Die Vertreter der einen Seite fühlen sich immerzu beleidigt, diskriminiert und missverstanden, sie sind bereit, ihr Leben für ihren Glauben zu opfern; die Vertreter der anderen Seite fragen sich: Was machen *wir* falsch, dass sie *uns* nicht mögen? Und je mehr sie sich darum bemühen, den anderen entgegenzukommen, je öfter sie sich entschuldigen, umso unbeliebter machen sie sich.

Solche asymmetrischen Phänomene sind die Folge einer Erwartungshaltung aus der Welt der Paartherapie: Wenn ich lieb zu dir bin, bist du lieb zu mir. Allein, die Rechnung geht nicht auf. Weder global noch bilateral. Deutschland war in

Europa nach dem Zweiten Weltkrieg noch nie so unbeliebt wie in den letzten Wochen und Monaten. Und je lauter deutsche Politiker versichern, sie wollten Europa nicht germanisieren, sondern Deutschland europäisieren, umso suspekter machen sie sich. Der Klassenprimus ist nie beliebt, nicht einmal wenn er abschreiben lässt, denn auch das zeugt nur von seiner Überlegenheit. Auch das Misstrauen in die Funktionsfähigkeit der EU war noch nie so groß. Gaben vor fünf Jahren 36 Prozent der Bundesbürger an, kein Vertrauen in die EU zu haben, waren es Anfang 2013 schon 59 Prozent. In Frankreich (56 Prozent), Italien (53 Prozent) und Spanien (72 Prozent) ist die Stimmung ebenfalls umgeschlagen, seit die ökonomische Binsenweisheit ans Tageslicht gekommen ist, dass Wohlstand und Wachstum nicht ewig auf Pump finanziert werden können und dass es sehr ungemütlich wird, wenn Rechnungen auf den Tisch kommen, die man nicht begleichen kann.

Deutschland hat sich aus einer anfänglichen Win-win-Situation in eine Lose-lose-Lage gebracht. Indem es, wie von Helmut Schmidt gefordert, mehr Verantwortung für Europa und den Euro reklamiert als andere Länder, setzt es sich auch stärker dem Verdacht aus, Profit aus der jeweiligen Situation zu ziehen. Ein Verdacht, den deutsche Politiker sehr gerne nähren, indem sie mit obskuren Zahlenspielen an der Heimatfront zu punkten versuchen. »Wir sind die ökonomischen Gewinner, was die Zahlungsströme insgesamt angeht«, sagt der SPD-Chef Sigmar Gabriel, »wir haben unterm Strich 500 Milliarden Euro mehr eingenommen, als wir an Europa überwiesen haben.«

Ich weiß nicht, wen Gabriel meint, wenn er »wir« sagt –

wir Sozialdemokraten, wir Deutsche, wir Import-Export-Unternehmer, wir Audi-Fahrer – jedenfalls hat er keine Ahnung, wovon er redet. Er verrechnet – unterm Strich – den Anteil der Bundesrepublik am EU-Budget mit den Einnahmen der deutschen Hersteller aus deren Exporten. Also Staatsknete mit unternehmerischen Erlösen. Damit könnte man allenfalls erklären, wie der Staat der Wirtschaft unter die Arme greift, direkt mit Subventionen oder indirekt mit Beiträgen an die EU-Kasse, nicht aber, dass »wir die ökonomischen Gewinner« sind, denn wo Gewinne gemacht werden, da werden auch Verluste »erwirtschaftet«. Mit dieser Art der »kreativen« Buchhaltung könnte man auch behaupten, der Vorstandsvorsitzende von VW und sein Fahrer seien, unterm Strich, beide Millionäre. Und wenn man das »mittlere Einkommen« eines portugiesischen Fischers mit dem eines deutschen Berufspolitikers in einen Hut wirft und ordentlich durchmischt, steht der Portugiese gar nicht so schlecht da.

So kommt man mit richtigen Zahlen zu falschen Ergebnissen. So wird Propaganda gemacht. So haben auch Sowjetökonomen errechnet, dass ein Werktätiger in Magnitogorsk sich mit seinem Einkommen einen besseren Lebensstandard erlauben kann als ein Arbeiter in Bergkamen. Wenn ein System zu solchen Tricks greifen muss, dann ist es mit seiner Weisheit ziemlich am Ende.

Nein, ich sage nicht den unmittelbar bevorstehenden Untergang Europas oder den Zusammenbruch der Euro-Zone voraus. Gott hat die Welt in sechs Tagen erschaffen, aber das muss nicht heißen, dass die Schöpfung in 144 Stunden vollendet war. Wir wissen nicht, wie lange »ein Tag« zur Zeit des Urknalls war. 24 Stunden? Oder 24 000 Jahre heutiger Zeitrechnung? Die »letzten Tage Europas« können sich eine Weile hinziehen. Niemand kann berechnen, wie lange es dauern wird, bis die Ressourcen aufgebraucht sind, die eingesetzt werden müssen, »damit wir den Anschluss nicht verlieren«. Möglich, dass wir den Anschluss längst verloren, es aber nicht gemerkt haben. So wie wir das Licht von Sternen sehen können, die längst implodiert sind. Ich möchte nur, dass irgendein Politiker aufsteht und sagt: »Sorry, Leute, wir haben uns vertan, wir haben jetzt nur die Wahl zwischen ›volle Kraft voraus‹ oder ›volle Kraft zurück‹, aber egal wie wir uns entscheiden, es wird uns Blut, Schweiß und Tränen kosten. Und nichts wird so werden, wie es einmal war. Die fetten Jahre sind vorbei.«

Angela Merkel hat einen ersten zaghaften Schritt in diese Richtung getan. In einem Interview mit der »Bild« Mitte April 2013 sagte sie en passant: »Wohlstand auf Pump geht nicht mehr, das muss allen klar sein.«

Wirklich? Muss es das? Ende 2012 hatten die »öffentlichen Hände« der Bundesrepublik, also der Bund, die Länder, die Gemeinden usw., einen Schuldenberg von über zwei Billionen Euro (zweitausend Milliarden) angehäuft. Das war etwas weniger als das Siebenfache des Bundeshaushalts von 302 Milliarden für das Jahr 2013. Die Aussichten, diese Schulden jemals loszuwerden, sind so real wie die Chance, dass Deutschland den Ersten Weltkrieg noch nachträglich gewinnt. Mit diesen Schulden *ist* der Wohlstand in der Bundesrepublik über Jahrzehnte finanziert worden: die Eigenheimzulage und die Kilometerpauschale, die Subventionen für die Landwirtschaft und die

Solarindustrie, die Familienhilfen und die Abwrackprämie für Altautos. Aber auch eine Steuergesetzgebung, die es findigen Unternehmenssteuerjuristen ermöglicht, die Vorteile des Landes – Rechtssicherheit, Konsumkraft und Infrastruktur – zu nutzen, ohne dafür steuerlich groß zur Kasse gebeten zu werden.

Je mehr aus dem Füllhorn des Wohlfahrtsstaates über das Volk ausgeschüttet wurde, desto größer wurde die Zahl der Anspruchsberechtigten. Von Januar 2005 bis Ende 2012 haben der Bund und die Kommunen über 355 Milliarden Euro für Langzeitarbeitslose und andere Zuwendungen ausgegeben. Allein die Verwaltungskosten für die Verteilung der Mittel beliefen sich auf über 30 Milliarden Euro. Dennoch – oder vielleicht gerade deswegen? – sprechen die Sozialverbände von einem »noch nie da gewesenen Ausmaß an Armut« in Deutschland und rufen zur »Umfairteilung« auf.

Was meint also die Kanzlerin, wenn sie sagt: »Wohlstand auf Pump geht nicht mehr, das muss allen klar sein.« Weniger Subventionen? Weniger Sozialleistungen? Und das im Wahljahr, wenn alle Parteien die Spendierhosen anhaben und den Wählern noch mehr Geschenke versprechen, von denen sie genau wissen, dass sie nur auf Pump finanziert werden können, also mit neuen Schulden?

Der Posten »Bundesschuldenhaushalt« liegt im laufenden Jahr bei 11 Prozent des Bundeshaushalts. Es werden also etwa 33 Milliarden Euro für den Zinsendienst und die Tilgung der Kredite ausgegeben, die der Bund aufgenommen hat. Ebenso viel wie für Verteidigung. Zugleich werden etwa 17 Milliarden neue Kredite aufgenommen. Im Entwurf waren ca. 18,7 Milliarden eingeplant. Das also ist das Sparmodell: Man gibt nicht etwa weniger aus, man macht nur minimal weniger Schulden.

Und wenn die Kanzlerin dann auf die Frage, ob die deutsche »Reformpolitik« ein Vorbild für Europa sein könne, antwortet: »Ich sehe Deutschland als ein Land, an dem man gut sehen kann, dass Reformen wirken«, dann ist das ein klassischer Nullsatz, der keine Aussage darüber enthält, welche »Wirkung« gemeint ist. Man kann sowohl Gewinne wie Verluste »erwirtschaften«.

Deutschland will also mit gutem Beispiel vorangehen, dem Rest Europas den Weg weisen. Auch das ist kein Versuch, Europa zu germanisieren, sondern Ausdruck des neuen deutschen Euro-Patriotismus, dessen Repräsentanten ihre Reden immer mit den Worten »Gerade wir als Deutsche...« anfangen. Sie meinen es gut, sie wollen nur das Beste. Ich nehme ihnen das sogar ab, denn es hat noch nie einen Politiker oder eine Regierung gegeben, die nicht das Beste gewollt hätten. Von Stalin über Mao und Nicolae Ceaușescu bis Fidel Castro, Hugo Chávez und José Manuel Barroso.

Sie halten diese Analogie für vollkommen überzogen? Der Präsident der EU-Kommission in einer Reihe mit einigen der übelsten Gestalten des 20. Jahrhunderts? Nun, es waren nicht nur üble Gestalten, es waren auch große Gestalter, Visionäre und Utopisten. Barroso ist auch einer. Wenn Sie sich mal richtig gruseln wollen, dann lesen Sie den Generalplan für Europa, den »President Barroso« in einer Rede vor dem »Brussels Think Tank« am 22. April 2013 entworfen hat. Leider hat keine deutsche Zeitung diese Rede abgedruckt, vielleicht weil sie auf Englisch gehalten wurde. Es ist ein Dokument des Größenwahns, der seinem Ziel zuliebe, einer »federation of nation states«, alles unter sich begräbt, das der »Integration« im Weg stehen könnte. Auch Barroso erkennt an, dass Europa sich in einer Krise befindet. Die Ursache der Krise sieht er aber nicht in der bisherigen Politik der Bevormundung und Homogenisierung, sondern in der Zögerlichkeit der Europäer, eine »echte ökonomische und monetäre Union« herzustellen, wobei der Europäischen Kommission, also Barroso und seinen 28 Kommissaren, eine Hauptrolle zukommt. Die »Autorität« der Europäischen Kommission, sagt deren Präsident, gehe über die Aufgabe, die »Kompatibilität der nationalen Gesetze mit den Gesetzen der europäischen Gemeinschaft« zu überprüfen, weit hinaus. Sie habe auch den Auftrag, die »Verfassungsordnung der Mitgliedsstaaten« auf ihre Vereinbarkeit »mit den Werten der Europäischen Union« zu untersuchen.

Atemberaubend, nicht wahr? 28 nicht gewählte Volkskommissare thronen über den nationalen Parlamenten und prüfen, ob deren Gesetze mit den »Werten der EU« zu vereinbaren sind. An einer anderen Stelle sagt Barroso, die »Fata Morgana einer strikten nationalen Unabhängigkeit« müsse zugunsten einer »europäischen Interdependenz«, also einer wechselseitigen Abhängigkeit, aufgegeben werden. Dabei würden »konkrete Errungenschaften« eine »De-facto-Solidarität herstellen«.

Aufrichtiger, ehrlicher und klarer kann man ein Komplott nicht ankündigen. Erst sollen vollendete Tatsachen geschaffen werden, dann kommt die erzwungene Solidarität ganz von allein. Und das Tollkühne an solchen Versprechen ist:

Die Eurokraten machen kein Hehl aus ihren Absichten. Sie sind von einer entwaffnenden Ehrlichkeit, wie ein Bankräuber, der seine Absicht, eine Bank zu überfallen, auf Facebook bekannt gibt. Zum Beispiel so:

»Wir beschließen etwas, stellen das dann in den Raum und warten einige Zeit ab, ob was passiert. Wenn es dann kein großes Geschrei gibt und keine Aufstände, weil die meisten gar nicht begreifen, was da beschlossen wurde, dann machen wir weiter – Schritt für Schritt, bis es kein Zurück mehr gibt.«

Der das gesagt hat, ist ein Berufspolitiker, der wie kein anderer »Europa« buchstäblich verkörpert: Jean-Claude Juncker, seit 1995 Ministerpräsident von Luxemburg, dienstältester Regierungschef in der Europäischen Union, von 2005 bis 2013 Vorsitzender der Euro-Gruppe. In den 25 Jahren von 1988 bis 2013 wurde JCJ 75 Mal für sein vorbildliches Wirken um ein geeintes Europa geehrt. So viele Orden und Medaillen prangten nicht einmal auf der Uniform von Leonid Breschnew, und der war immerhin Generalsekretär des ZK der KPdSU, Staatsoberhaupt und Marschall der Sowjetunion.

Juncker ist unter anderem: Träger des Großen Bundesverdienstkreuzes der Bundesrepublik mit Stern und Schulterband und Großoffizier der französischen Ehrenlegion, Ehrendoktor der Universität Bukarest und Ehrenbürger der Stadt Trier, Europäer des Jahres der Gesellschaft Werkstatt Deutschland und Ehrenbürger der Stadt Orestiada in Griechenland, Träger der Coudenhove-Kalergi-Plakette der Europa-Union Münster und des Staatspreises des Landes Nordrhein-Westfalen, Europäer des Jahres 2005 und Banker des Jahres 2008, Ehrensenator der Europäischen Akademie der Wissenschaften und Künste und Rezipient des Europapreises der Dienstleistungswirtschaft, Empfänger der Medaille für besondere Verdienste um Bayern in einem vereinten Europa und Kommunikator des Jahres der Deutschen Public Relations Gesellschaft, Träger des Aachener Karlspreises und Schirmherr des gemeinnützigen Tierschutzvereins »Neufundländer in Not e.V.«

Angesichts einer Arbeitslosenquote von über 60 Prozent bei den 15- bis 25-Jährigen in Griechenland würde mancher junge Grieche gerne mit einem Neufundländer in Not tauschen.

Postscriptum: Des Wahnsinns fette Beute

Wenn Sie bis zum Schluss des letzten Kapitels dabeigeblieben sind, was ich hoffe, werden Sie nun vermutlich sagen: Alles schön und gut beziehungsweise alles schierch und schlecht, aber was fange ich mit dem Gelesenen an? Was kann ich, Monika Schmitz in Köln, Katharina Lustgarten in Bielefeld, Joe Schröder in München, Paul Nellen in Hamburg und Reinhard Mohr in Berlin damit anfangen? Nun, da gäbe es mehrere Optionen.

Sie könnten zum Beispiel, wie Howard Beale in dem Film »Network«, zum Fenster gehen, es weit aufreißen, sich hinauslehnen und schreien: »I'm as mad as hell and I'm not going to take this anymore!« Wenn Sie das jeden Abend zur selben Zeit machen, werden Sie irgendwann zu »Hart aber fair« mit Frank Plasberg eingeladen. Sie könnten aufhören, die »Tagesthemen« und das »Heute journal« zu sehen. Sie könnten eine Selbsthilfegruppe der »Anonymen Europäer« gründen und beim zuständigen EU-Kommissar für Gesundheit einen Antrag auf Förderung stellen. Sie können machen, was Sie wollen. Aber Sie wissen: Nutzen wird es nicht.

Warum also habe ich dieses Buch geschrieben? Aus demselben Grund, aus dem ich alle vorangegangenen Bücher geschrieben habe. Um mir selbst über die »Europäische Idee« Klarheit zu verschaffen. Ich bin das Thema relativ unvoreingenommen angegangen, skeptisch zwar, aber nicht ablehnend. Aber je tiefer ich in die Materie eintauchte, desto klarer wurde mir: Das »Projekt Europa« ist ein Koloss auf tönernen Füßen, eine literarische Fiktion wie Jule Vernes »Reise zum Mittelpunkt der Erde«, eine Gebrauchsanweisung für Megalomanen, ein potemkinsches Dorf, das Remake der Geschichte vom Ikarus. Ich habe das Buch nicht geschrieben, um Ikarus vor dem Absturz zu bewahren. Ich fürchte, er ist schon abgestürzt, wir haben es nur nicht bemerkt, weil wir gerade dabei waren, gegen die EU-Verordnung zu revoltieren, mit der Ristorante- und Trattoriabetreiber verpflichtet werden sollten, Olivenöl nur noch in Flaschen auf Tische zu stellen, statt es in Karaffen abzufüllen. So sollte verhindert werden, dass minderwertiges Öl angeboten wird. Wobei ich mich darüber gewundert habe, dass Balsamico-Essig von der Verordnung verschont sein sollte. Als Lobbyist der Balsamico-Großproduzenten würde ich mir da Gedanken machen.

Im Gegensatz zu den wenigen marxistischen Freunden, die mir geblieben sind, bin ich der Ansicht, dass die Welt, in der wir leben, schon genug verändert worden ist; und dass es jetzt darauf ankommt, sie zu beschreiben. So, wie sie ist, nicht so, wie wir sie gerne hätten. Es reicht nicht, vorneweg zu marschieren und »mir nach!« zu rufen. Marx war seiner Zeit weit voraus; dafür hat er uns einen Schrottplatz der Illusionen hinterlassen.

Ich denke, dass jeder Behandlung eine ordentliche Untersuchung vorausgehen muss, eine Bestandsaufnahme, ein Kassensturz. So etwas habe ich mit diesem Buch versucht – selektiv, subjektiv und im Wissen um die Unmöglichkeit, mit der Aktualität Schritt zu halten. Ich kam mir vor, wie ein Dorfpolizist, der auf einem Moped Räuber verfolgt, welche die örtliche Postbank überfallen haben und mit einem Turbo-Porsche davongerast sind.

Seit ich den Hauptteil des Buches abgeschlossen habe, ist einiges passiert. Kroatien wurde als 28. Mitgliedsland in die EU aufgenommen. Die Kanzlerin hatte – klug taktierende Wahlkämpferin – Wichtigeres zu tun, als zum Festakt nach Zagreb zu reisen, und auch sonst fiel der Jubel eher verhalten aus.

In fast allen Berichten wurde darauf hingewiesen, dass Kroatien die Aufnahmebedingungen eigentlich nicht erfüllt. Zu geringe Produktivität, zu viel Korruption, zu viele Arbeitslose, eine behäbige Bürokratie und veraltete Infrastrukturen, dafür aber »viel Sonne und Meer«, wie es in einem TV-Bericht hieß, in dem auch ein Kroate zu Wort kam, der vom Flaschensammeln lebt und darauf hofft, mit dem Beitritt zur EU werde »alles besser werden«.

Die offiziellen Repräsentanten der EU waren freilich begeistert. Einer mehr an Bord! Hipp, hipp, hurra! Der Präsident der EU-Kommission, José Manuel Barroso, gratulierte den Kroaten zu einer neuen Adresse: »Ihr habt Kroatien an seinen richtigen Ort, ins Herz Europas, gebracht.« Bis zum 30. Juni hatte das Land offenbar am Arsch der Welt verharrt. Ratspräsident Herman Van Rompuy vollzog die Trauung: »In guten wie in schlechten Zeiten, an schönen und an regnerischen Tagen, müssen wir als Union vereint bleiben.« Der Präsident des EU-Parlaments, Martin Schulz, gab den Herbergsvater: »Willkommen zu Hause«, rief er den Kroaten zu, als wären sie bis zu diesem Moment unbehaust gewesen.

Da hatte der kroatische EU-Kommissar seine Amtsräume in Brüssel bereits bezogen: Neven Mimica war zuvor als stellvertretender Premier unter anderem zuständig für die Außenbeziehungen und die europäische Integration Kroatiens. Mimicas eigener Integration zuliebe wurde das »Kommissariat für Gesundheit und Verbraucherschutz« geteilt. Dem aus Malta stammenden Kommissar Tonio Borg blieb die Gesundheit, Mimica bekam den Verbraucherschutz.

»Neven Mimica ist ein erfahrener, engagierter Europäer, der einen wichtigen Beitrag zur Arbeit der Europäischen Kommission und gerade auch zum entscheidenden Bereich des Verbraucherschutzes leisten kann«, erklärte Kommissionspräsident Barroso. Wie »entscheidend« der Bereich des Verbraucherschutzes ist, kann man schon daran erkennen, wie oft das Amt den Inhaber gewechselt hat. Das Ressort ist ein Wanderpokal; mal gehörte es zu »Umwelt und Verkehr«, mal zu »Binnenmarkt, Zollunion, Erweiterung« – bevor diese Ressorts nach dem Prinzip der Zellteilung gesplittet wurden –, dann kam es unter das Dach der »Regionalpolitik«, bevor es der »Fischerei« und danach der »Gesundheit« zugeschlagen wurde, um schließlich zum 1. Juli 2013 auf eigenen Füßen zu landen. Aber auch das nur vorübergehend. Denn nächstes Jahr, nach der Neuwahl des Europaparlaments, werden auch die Posten der Kommissare neu besetzt.

Was war noch passiert, das es verdienen würde, festgehalten zu werden? Der deutsche Energiekommissar Günther Oettinger erklärte in einer Rede vor der Deutsch-Belgisch-Luxemburgischen Handelskammer Europa zu einem »Sanierungsfall«. Brüssel, so Oettinger, habe den Ernst der

Lage »noch immer nicht genügend erkannt«. Statt die Krise zu bekämpfen, zelebriere Europa »Gutmenschentum« und führe sich als »Erziehungsanstalt für den Rest der Welt« auf. Worauf Martin Schulz, der Präsident des EU-Parlaments, den Kommissar zurechtwies: »Da ist Oettinger wohl bei einigen Äußerungen der schwäbische Gaul durchgegangen.« Und: »Wer die EU als Erziehungsanstalt bezeichnet, sollte sich nicht selbst wie ein Oberlehrer aufführen.« Denn der Einzige, der die EU kritisieren darf, und zwar immer »konstruktiv« und »von innen heraus«, ist der Präsident des EU-Parlaments, Martin Schulz, der, wie wir schon wissen, den Prototyp des Oberlehrers ebenso verkörpert wie den kleinsten gemeinsamen gedanklichen Nenner der Brüsseler Nomenklatura. Und würde er nicht Rheinisch, sondern Sächsisch sprechen, würden sich seine Zuhörer erst gruseln und dann fragen, ob er mit einem monatlichen Grundgehalt von 24 874 Euro nicht ein wenig überbezahlt ist.

Aber das ist nur ein Nebenaspekt der ganzen Causa. Entscheidend ist nicht, was die Eurokraten verdienen, sondern was sie leisten. Und die Leistungsbilanz ist erbärmlich. Es hat sich inzwischen herumgesprochen – und man kann es nicht oft genug denen vorhalten, die Europa für ein »Zukunftsprojekt« halten –, dass die Jugendarbeitslosigkeit in Griechenland bei 60 Prozent liegt, in Spanien bei 55 Prozent, in Portugal und in Italien bei 40 Prozent. Weniger bekannt ist, dass die Zustände in der Slowakei (35 Prozent), Ungarn und Bulgarien (je 29 Prozent) auch nicht viel besser sind. In Irland sind 30 Prozent der 15- bis 25-Jährigen ohne Arbeit, im Volksheim Schweden 25 Prozent und in

England 20 Prozent. Nur Deutschland fällt aus dem Rahmen – hier sind es gerade mal 7,6 Prozent.

Deswegen hat die Kanzlerin Anfang Juli alle 28 Arbeitsminister der EU-Staaten zu sich ins Kanzleramt nach Berlin gebeten, um über Maßnahmen zu beraten, wie man der Jugendarbeitslosigkeit beikommen könnte. Vorher hatte schon die EU-Kommission bekannt gegeben, sie würde ab 2014 sechs Milliarden Euro zusätzlich bereitstellen, die vor allem in Berufsbildung investiert werden sollten. Bei etwa 5,5 Millionen arbeitslosen Jugendlichen in den Grenzen der EU wären das, aufgerundet, 1100 Euro pro Kopf. Auf dem Berliner »Gipfel der Hoffnungslosigkeit« (»Bild«) wurde dieser Betrag um sensationelle zwei Milliarden aufgestockt, auf acht Milliarden Euro oder 1400 Euro pro Kopf.

Am Ende der Konferenz, zu der auch 17 Staats- und Regierungschefs angereist kamen, war man sich einig, so die Kanzlerin, dass jeder einen Beitrag leisten und Verantwortung übernehmen müsse, »um in einer großen gemeinsamen Kraftanstrengung das Thema Jugendarbeitslosigkeit in den Blick zu nehmen«. Außerdem mahnte sie »mehr Mobilität in Europa« an. »Wenn wir uns das nächste Mal in diesem Kreis treffen, muss es Fortschritte geben.« Höchst zufrieden mit sich und dem Ergebnis des EU-Gipfels zur Jugendarbeitslosigkeit stellten sich die Teilnehmer zum Gruppenbild auf. Dann traten sie die Heimreise an.

Ich war sprach- und fassungslos. Zu gerne hätte ich gewusst, was dieser Gipfel gekostet hatte. Wahrscheinlich mehr als nur 1400 Euro pro Teilnehmer. Weil aber keiner der Hofberichterstatter diese Frage stellte, wurde sie auch nicht beantwortet. Es war eine perfekte Inszenierung der

Belanglosigkeit, die nur einem Ziel diente: So zu tun, als würde man etwas tun.

Was Anfang Juli auf dem Gipfel im Kanzleramt aber nicht zur Sprache kam, war die allgemeine Arbeitslosenquote in der Eurozone, die im Mai 2013 auf 12,1 Prozent gestiegen war. In absoluten Zahlen bedeutete das einen Rekord: 19,2 Millionen Menschen ohne Arbeit, 1,3 Millionen mehr als ein Jahr zuvor. Wobei die Werte von Land zu Land erheblich variieren: Um die 5 Prozent in Deutschland, Österreich und Luxemburg, über 12 Prozent in Italien, fast 27 Prozent in Spanien und Griechenland. Ein Zyniker würde es so formulieren: Während die gute alte EWG mit ihrer gleichmacherischen Subventionspolitik nur Milchseen, Fleisch- und Butterberge hervorbrachte, schafft die neue EU immerhin ein riesiges Arbeitslosenheer – nur, wie will man dieses abbauen? Man kann es weder verbilligt abgeben wie die Weihnachtsbutter noch vor dem Verfallsdatum an Notleidende in der »Dritten Welt« verschenken.

Mit der allgemeinen Arbeitslosigkeit hat man sich auf der Regierungsebene offenbar schon abgefunden – als Kollateralschaden der permanenten »Rettungspolitik« angesichts der Staatsschuldenkrise –, aber was die Jugendarbeitslosigkeit angeht, da wollte man doch »ein Zeichen setzen«, denn immerhin geht es um diejenigen, die demnächst unsere Renten erarbeiten sollen. Und dazu müssen sie erst einmal Arbeit haben.

Ich nehme allerdings an, dass die Maßnahmen im Kampf gegen die Jugendarbeitslosigkeit in Finnland andere sein müssten als in Griechenland, in Polen anders als in Portugal. Sie zentralistisch von Brüssel aus angehen zu wollen, indem zum Beispiel »kleine und mittlere Unternehmen durch zinsverbilligte Darlehen der Europäischen Investitionsbank« gefördert werden, kommt nur der auf Selbstexpansion bedachten Brüsseler Büro- und Kleptokratie zugute, die erst die geeigneten Strukturen aufbauen muss, um die bereitgestellten Mittel verteilen zu können. Das kostet Geld und Zeit. Derweil die Zuständigen in den Empfängerländern auf die Ankunft des Dukatenesels warten, statt sich selber etwas einfallen zu lassen, wie sie den arbeitslosen Jugendlichen helfen könnten, am besten »nachhaltig«. Dabei hatte die Kanzlerin schon Anfang Juni erklärt, sie sehe »keine Notwendigkeit, in den nächsten Jahren noch mehr Rechte an die Kommission in Brüssel abzugeben«, es müsse allerdings »die wirtschaftspolitische Koordinierung in Europa... gestärkt werden«. Also wieder einmal Bremsen und Gas geben zur selben Zeit, Sparen und Investieren, Täuschen und Tricksen.

Es ist müßig, darüber zu räsonieren, wann und wo Europa entgleist ist. In Rom, Nizza, Maastricht oder Lissabon? Mit dem Übergang von der EWG zur EG? Beim Umzug aus der EG in die EU? Mit der Einführung des Euro? Oder erst mit dem Einsetzen der Finanzkrise 2008? Sicher ist nur: Auf diesem Projekt lastet der Fluch des Größenwahns und der Inkompetenz. Diese Mischung wurde schon dem Luftschiff »Hindenburg« und dem Luxusliner »Titanic« zum Verhängnis, vom Misserfolg der Nazis, ein geeintes Europa zu schaffen, nicht zu reden.

Sicher ist auch: Man kann die Uhr nicht zurückdrehen, es führt kein Weg zum Status quo ante wie beim Rückbau von der Ampelkreuzung zum Kreisverkehr. Deutschland nach dem Fall der Mauer ist ein anderes Deutschland als vor der deutschen Teilung. Die DDR hat tiefe Spuren hinterlassen, die noch viele Generationen beschäftigen werden. Und auch zur Wendezeit gab es Stimmen, die vor den Folgen einer drohenden »Wiedervereinigung« warnten: zu riskant, zu teuer, zu unabsehbar. Günter Grass nannte die DDR eine »kommode Diktatur«, eine Strafe für Auschwitz, die noch nicht verbüßt sei. Nicht wenige Linke, die von der DDR keine gute Meinung hatten, wollten sie – irgendwie – erhalten wissen, und sei es nur, um ein »Viertes Reich« zu verhindern. Die deutsche Teilung sei ein Übel, aber gemessen an den Gefahren, die ein »Großdeutschland« mit sich bringen würde, eben nur das kleinere Übel.

So ähnlich, wenn auch spiegelverkehrt, wird heute argumentiert. Die Alternative zur EU wäre ein Rückfall in die Kleinstaaterei, der Rückbau zu mühsam, zu teuer und überhaupt viel zu riskant. Es sei besser, sich mit dem »kleineren Übel« zu arrangieren, als einen politischen und materiellen GAU zu riskieren. Aber das ist eine extrem germanozentrische Sicht der Dinge. Sigmar Gabriel sagte neulich in einem TV-Interview, man müsse den jungen Arbeitslosen im Süden Europas helfen, damit sie in der Lage wären, deutsche Produkte zu kaufen, denn davon wiederum hänge der Wohlstand der Deutschen ab.

Von Griechenland oder Spanien aus betrachtet sieht die Lage ganz anders aus. Und wenn nach den Kroaten jetzt auch noch die Albaner, die Serben, die Montenegriner und die Mazedonier in die EU aufgenommen werden möchten, dann nicht, weil sie von der Idee der »Vereinigten Staaten von Europa« so begeistert sind oder weil sie helfen wollen, dass Europa im globalen Wettbewerb mit den USA, China, Indien bestehen kann. Nein, sie hoffen, dass die EU ihre hausgemachten Probleme lösen oder wegzaubern wird, wie der kroatische Flaschensammler am Tag des Beitritts seines Landes zur EU. Die Union ist der Sugar-Daddy, über dessen sagenhafte Potenz sich seine Gespielinnen gerne täuschen lassen.

Was tun? Ich weiß es nicht. Ich kann Ihnen auch nicht sagen, wie Sie Ihr Geld sicher anlegen oder wohin Sie vorsichtshalber auswandern sollten. Ich bin weder für noch gegen eine Auflösung der EU, weder für noch gegen eine Abschaffung des Euro und eine Rückkehr zu den alten Währungen. Ich will mir nur nicht ständig sagen lassen, es gäbe zu der jetzigen Situation »keine Alternative«, weswegen wir immer weitermachen müssten, ohne uns umzusehen, damit es uns nicht so ergeht wie Lots Frau auf der Flucht aus Sodom.

Ich bin allerdings sehr entschieden gegen die weitere Einrichtung eines Superstaates, der unter dem Vorwand, nationale Souveränität abzuschaffen oder abzubauen, ein Phantom kreiert, das einerseits allgegenwärtig, andererseits – in des Wortes doppelter Bedeutung – unfassbar ist. Mit einem Parlament, das kaum etwas zu sagen hat, einer »Kommission«, die dem Parlament keine Rechenschaft schuldet, einem Rat (Consilium) der Europäischen Union, der Vertretung der 28 Länder, die auch als »Gesetzgeber« agiert und die man nicht mit dem Europarat (Council of Europe) verwechseln sollte, dem 47 Staaten angehören, darunter Armenien, die Ukraine und die Republik Moldau; und schließlich einer Kanzlerin, die per »ordre de mufti« bereits gefasste

Beschlüsse vom Tisch wischen kann, wie Ende Juni die Einführung von strengeren CO_2-Werten für Neuwagen, die mit den Interessen der deutschen Automobilindustrie nicht zu vereinbaren waren, worauf die Kanzlerin, wie Spiegel Online berichtete, zum Hörer gegriffen und dafür gesorgt habe, dass die entscheidende Abstimmung im Rat »verschoben« wurde. Während ihr Finanzminister Wolfgang Schäuble in Zusammenarbeit mit der »CDU-nahen« Konrad-Adenauer-Stiftung eine »Infotour mit 50 Informationsveranstaltungen an allgemein- und berufsbildenden Schulen in ganz Deutschland« organisieren ließ, um Schüler mit einer »Argumentationshilfe zum Thema Euro und Eurokrisenmanagement« vertraut zu machen. Wem da die Begriffe »Agitation« und »Indoktrination« einfallen, der denkt in die richtige Richtung.

Das Einzige, was ich empfehle, ist ein Moratorium, eine Auszeit, in der nichts beschlossen und nichts verkündet wird. Die EU wird weder erweitert noch vertieft, sie wird »on hold« gestellt, wie Anrufer in einem überlasteten Callcenter. Während dieser Auszeit findet eine öffentliche Debatte über die Zukunft Europas statt. In jedem Land und grenzübergreifend. Eine Debatte, an der sich jeder beteiligen kann. So wie es der britische Premierminister Cameron für sein Land vorgeschlagen hat. Und nach zwei, drei oder vier Jahren wird dann abgestimmt, für oder gegen den Euro, für oder gegen die EU, in welcher Form auch immer, als Bundesstaat, als Staatenbund, als lose Föderation, als Kibbuz, als Kolchose, als eine börsennotierte AG oder eine GmbH & Co. KG. Es muss nur endlich Schluss sein mit dem Diktat der Alternativlosigkeit, mit der Politik der

Notverordnungen von oben. Der Euro kann nur ein Mittel zum Zweck sein, nicht das Ziel an sich. Hilft ein Mittel nicht oder schadet es gar dem Patienten, muss es neu dosiert oder abgesetzt werden. Jeder Arzt weiß das, nur die Politiker und ihre Berater tun sich schwer mit dieser Einsicht.

Der Euro ist eine bequeme und praktische Schönwetterwährung (vulgo: er hat funktioniert, solange mit ständiger Schuldenmacherei alle Probleme unter den Teppich subventioniert werden konnten), taugt aber offensichtlich nicht für stürmische Zeiten. Ihm geht aber auch deshalb die Puste aus, weil er uns zwangsverordnet wurde. Der »große Europäer« Helmut Kohl hat schon kurz nach dem »Coup« mit stolzgeschwellter Brust zugegeben: »Bei der Euro-Einführung war ich ein Diktator.«

Ich fürchte, mein Plädoyer für eine Auszeit ist eine Illusion. Die EU hat keine Zeit, eine Pause einzulegen. Der Fahrer eines Wagens, der mit defekten Bremsen einen Berg hinunterrollt, würde auch nicht zu einer Landkarte greifen, um zu schauen, ob es noch einen anderen Weg gibt, auf den er ausweichen könnte. Er wird sich am Steuer festhalten und beten, dass ein Wunder passiert. Denn die nächste Krise lauert schon um die Ecke. Zypern will mehr Geld, Griechenland will einen weiteren Schuldenschnitt, Frankreich und Italien steht das Wasser bis zum Kinn, Slowenien ist fast pleite. Deutschland hat im Rahmen der Eurorettung Verpflichtungen von über 700 Milliarden Euro übernommen. Falls nur ein Teil davon fällig wird, gehen an der Alster und in der Maximilianstraße die Lichter aus. Wir sind des Wahnsinns fette Beute. Was das bedeutet, hat der bayerische Dichter und Nervenarzt Oskar Panizza schon vor über 100 Jahren klar erkannt: »Der Wahnsinn, wenn er epidemisch wird, heißt Vernunft.«

Berlin, am Independence Day 2013

Gabor Steingart

Unser Wohlstand und seine Feinde

Bastardökonomie oder Wohlstand für alle?

»Hier kommt niemand ungeschoren davon!
Gabor Steingart fordert Politik und Banken heraus.«
Ursula Weidenfeld, Publizistin

Knaus Verlag
272 Seiten
978-3-8135-0518-4

Max A. Höfer

**Vielleicht will der Kapitalismus gar nicht,
dass wir glücklich sind?**

Erkenntnisse eines Geläuterten

Für alle »Rädchen«, die wissen wollen, warum sie sich
immer schneller drehen müssen.
Max Höfer unternimmt eine unerschrockene Reise zu den
Wurzeln der Steigerungslogik in unserer Gesellschaft.
Und er zeigt uns einen Ausweg.

Knaus Verlag
256 Seiten
978-3-8135-0456-9